子どものこころに寄り添う営み

村瀬嘉代子

慶應義塾大学出版会

目次

第一章　子どもの育ちを支える

さまざまな人に支えられる子どもの育ち

市井の人たちの支え

心理療法やカウンセリングの事例や経過は、主として、クライエントと支援者の二者関係を中心にして、その関係を通してクライエントの治癒成長が生じたという表現がなされることが多いように思われる。しかし実際には、クライエントを囲むさまざまな人やことがクライエントの治癒成長の契機として影響を及ぼす場合が少なくない。私は、こういう周りの人々やことがよい効果をもたらすように時にはほどよいアレンジメントが大切だと考え、実践してきた。支援者はいわばコンダクターの役割をとることも状況に応じて必要なのだと言えよう。

子どもの視点からすると、忘れがたい本質的なことを学んだ、あるいは自分の存在の根幹を保証されたというような貴重な経験を、周辺とされる人との出会いによって得る場合が少なくないように思われる。いろいろ異なる角度から例を挙げながら、考えてみよう。

文さんのこと

個人的経験で恐縮であるが、幼い日の忘れがたい学びの経験がある。それはちょうど五歳になったときであった。当時は人通りの多い街頭にしばしば浮浪者が居た。中には子連れで、石畳に座り頭を垂れて物乞いをしていた。そういう場を通ると私は自分の暮らしと比べて、文字通り胸が痛む想いがし、病弱の故も加わって次第に外出を喜ばなくなった。

ある昼下がり、内玄関のベルが鳴った。手伝いのつもりで出てみると、浮浪者が立っており、深々と頭を下げた。私は咄嗟に、地方に暮らす祖母から腕輪のように白銅貨を紐通ししたのをもらっていたのを思い出した。小走りに自分の部屋から持ち帰って幾枚かの白銅貨を浮浪者に手渡した。浮浪者は深々と頭を下げてから足早に去った。少しばかりいい気分になっていると、後ろからお手伝いさんの文さんの声。

「お子様なのに、ご自分のお金だからといってみだりに恵むということをするものではありません。あのお金はご自分の力で得られたものではありません。もとはお父様、お母様のものです。浮浪者の中には働ける人もいるのです。中途半端な優しさは人の働く気持ちを失わせます。それにまだお子様です。子どもは子どもの身のほどを知らなければなりません」

意味がすっとのみ込めた。雷に打たれたような衝撃と恥ずかしさでいっぱいになった。

「今日はご存知なくてされたことですから、お父様、お母様には内緒にいたします。お話ししたことおわかりですね」

うなずくと、文さんは黙って抱きしめてくれた。

文さんは当時、二十一歳くらいであったろうか。実科女学校卒で、三歳年下の妹さんの幸さんと二人で家事見習いを兼ねて住み込んでいた。料理、裁縫、その他家事全般、てきぱきと何をしても上手で、母の言葉に耳を傾けているときや、夜、仕事を終えた後に本を読んでいるときの表情は引き締まっており、私と遊んでくれるときは活き活きとして表情豊かな人であった。

後に、心理療法の原則、心理支援の基本を書物や講義で学んだとき、それは幼い日に文さんから伝えられたことと表現は違うけれど、本質的には同じであることに気づいてはっとした。相手の自尊感情、自律心や自立心を大切にする。適切な心理的距離を維持する。自分が引き受けられるか否かの責任性に基づく見立て、支援者の自己覚知……。これらはあのときの文さんが伝えようとしたことと通底している。文さんの言葉には本質が凝縮されていたのだ（文さんの言葉は母の考えの正確な反映でもあったのだが……）。人を支援する営みの基本となることを遠い昔に教えられていたことに気づいて、懐かしさと感謝、そして、この学びを今後の営みに生かしていこうという気持ちが湧き起こってきたのであった。

文さんの言葉が幼児の私に伝わり、意味がわかったのは、幼なごころに文さんは若いのに家を離れて住み込みで働き、自分の力で生きており、その生き方が偉いと尊敬できたこと、しっかりしていると同時に優しい文さんのことが好きだったこと、両親、とりわけ母の考えと文さんのそれが元は同じであることなどの条件が揃っていたからであろう。

母がお世話して幸せな結婚をされたのに、戦時下の空襲で亡くなったと聞かされたときは大泣きしたのを覚えている。学歴や職業にかかわらず、人は人として立派でありうるということを文さんは感得させてくれた人でもある（村瀬、二〇〇九）。

庭師のおじいさん

優れた子どもの心理療法家バージニア・M・アクスラインは、自らの事例をもとに一人の孤独な自閉症の少年が彼女のセラピーによって癒されていく過程を一書（アクスライン、二〇〇八）に著したが、この中にだれにもつながりを持てず自室にこもる自閉症とされる少年に、庭師のお爺さんがさりげなく人としてのつながりの糸口を創るくだりがある。

庭師は一枚の木の葉を少年に手渡し、「この木の葉は風に吹かれてアメリカから大西洋を渡って欧州へ飛び、あちこちの国を風に乗って巡り、いろいろな風物にふれて、再び大西洋を渡ってアメリカへ帰ってきたのだよ……」と語りかける。少年はその木の葉を手にして、世界を思い描き、少しずつ人やこと、家族とのつながりを持ち始めるのである。もとよりアクスラインの心理療法家としての影響力が中心ではあったであろうが、この庭師のお爺さんのさりげない振る舞いと語りかけは、この少年が世界へと開かれていくうえで絶妙な影響をもたらしている。

K君のこと

小学四年生の自閉症のK君はようやく学習にも手がつき始め、彼にかかわる人々はその進歩を喜び、少々過ぎるくらいの励ましが始まった。やがて、K君の帰宅が遅くなり始め、母親は道草して何か問題行動をしているのではないかと来談された。

K君は依然学級で孤立し、帰宅しても、干渉好きなアパートの家主にいささか過剰に注意され、くつろげていないのではとふと考えた。私は母親に咎めるような口調で問い質すばかりではなく、下校するK君の後をそっと後から歩いてみたらと提案した。

下校路の途中に小さなクリニックがあり、そこの薬局の窓は道に面していて、薬剤師さんの横顔がガラス越しに見えるのであった。K君は帰途、そのクリニックの窓辺のところに立ち止まってじっと窓を凝視する。たまたまその薬剤師さんが窓外を見て、K君に気づきそっと微笑みかける。その笑顔を見ると、K君は家路へと歩き出すのであった。

母親はしみじみ述懐しながら、気づかれた。

「月見草のような感じの優しいほっとする笑顔を浮かべる若い女性の薬剤師さんでした。思えばKはほっとできる優しさを求めていたのだと思います。

小さいときから通ってきた通所療育機関は立派な療育訓練をしてくださるところだけれど、Kにとってはほっとする気分ではなく、夢中で緊張の時間だったのかもしれません。私も少しでも変容成長させようという意識で頑張り一辺倒でした。あの薬剤師さんのような表情をして、そっとにっこり微笑みかけるなんてこと忘れていたような……。

後ろから歩いて、帰宅が遅れるわけを知って、Kへの接し方にゆとりを持とうと気づきました」

母親の述懐を聴きながら、その気づきの的確さに感じ入った。やがてK君の帰宅は遅れることがなくなり、以前より家族とのやり取りが増えて穏やかさが増したのであった。

C子のこと

ある養護施設でのこと。一人の女子高校生C子がボランティアで園生を自宅に招じ入れて料理を教える品のよい婦人のもとへ通うようになった。C子は職員には何かと反発的批判的な言動が多く、それでいて外出恐怖心が強くて、さまざまな状況で付き添いを必要としていた。彼女は自分の矛盾に自分でも気づき、自尊心が脅かされ苦しくなり、それがまた攻撃的言辞になるという悪循環に陥っていた。

その料理を教える婦人は、彼女の外での振る舞いには顧慮せずに、そこの家の大事な知人として迎え入れ、C子の表現によれば庶民的な食材から上品でおいしい料理の作り方を教えたのである。

C子曰く。「料理は作る人の人柄を表すような気がする。先生と作ったお料理を一緒に食べるときは話題が広くていろいろなことが学べる。そして先生は言葉がきれい。私もきれいな正しい言葉を使いたい……」

彼女は私に言葉を選びながら丁寧に、自分が持っている問題点や課題について伏し目がちに話した。猛狂ったように叫んでいるときとは別人のように……。

〈今、お話ししてくれている貴女は紛れもなくC子さんよ。今の折り目正しい素直なお話をしているC子さんが次第に大きくなって、別のC子さんは小さくなって後ろに目立たなくなっていくように思う……〉

「そうなりたい！」

専門家としての立場では、全体的に的確に子どもを理解することが求められる。だが、時として、自分のまさに今そのものを、よくなりたいと思い、よいところが表に出ているその自分に焦点を合わせてくれる人に出会うことも、子どもの成長や回復の道筋には意味があるように思われる。専門家としての視点による全体を的確に捉えたアセスメントをもとにしつつも、このような子どもの望みやあこがれを汲み上げる眼差しがあることは、子どもにゆとりをもたらし、希望を支えるよすがになるようにも考えられる。

人が支える関係づくり——「教会のお母様」

次いで、個人と個人とのふれ合いによる育ちの支えから、視点をシステムへ転じて考えてみよう。スイスに暮らす友人を、間隔をおいて幾度か訪ねるうちに、その間の展開に感じ入り、考えさせられた例がある。

あるプロテスタント教会の教会員の中では、「教会のお母様」と呼ばれる役割を心ある人が任意的に申し出て、子どもの育ちを支えるのである。

教会員の中の子どもで、いわゆる発達障害を抱えていて、学業に難儀し、友人関係も円滑には運びにくい子、あるいはその子自身の資質には格段の問題がないものの、家庭的に何らかのもろもろの要因があって、孤独をかこつ子どもなど、つまり生き難さをもつ子どもに対して、この制度は実の親や家族や親族縁者、さらには医療機関や療育機関の専門的支援を補い支えるものとして機能している。

ボランティアで有志の婦人が「教会のお母様」となり、受け持つ子どもが十八歳くらいに成長するまで、精神的に支える役割をとるのである。お誕生日、クリスマス、学期の終わりに成績表をもらうとき、進学、就職するときなど、節目のときに、その子どもの状態に合わせて励ましや慰めのカードに添えて気持ちを込めたプレゼントをする、時には会って話したりなどもするのである。よき理解者、支え手であろうとするのだ。ただし、程よい距離感を保つようにして、子どもの自立（自律）心を大切にしている。実際、はじめに会ったとき、かなり人間関係や学習に難しさを抱えていた子どもがこういう支えによってかなり落ち着き、まあ、こんなにこの人らしい生きる場と方向を見つけた、と感嘆した例を幾つも見た。

高齢者とのかかわり

我が国の少年事件の処遇に試験観察制度がある。これは審判での処分決定を一時先に延ばし、一定期間を試験観察期間として少年に遵守すべきことを申し渡し、この期間中に性格行動傾向が改善するように指導観察を所定の期間行い、所定期間終了時に、最終決定を少年審判で言い渡すものである。

試験観察の行われ方は個々の少年の特性に応じてさまざまであるが、その中に高齢者ホームに補導委託される少年がいる。高齢者ホームで、少年はヘルパーさんの指導を受けながらいろいろ働くのであるが、高齢者から労われたり、感謝されたり、励まされる経験は、概して自尊感情が損なわれている少年たちにとり、自分を捉え直し、自信を取り戻して立ち直るためのよい刺激になるのである。

昨今、福祉法人施設内で、保育園の子どもたちが同じ敷地内の高齢者ホームを訪れて、入居者の高齢者の人々に歌や踊り、絵や工作物を披露して、交流し、双方が体験の幅と彩を増す試みを実行している。幼い時から、生きるということ、育つこと、人は成長し変容すること、やがて成人した人は次の世代を育て、かつ前の世代の人をお世話し、そして静かに高齢期へと移っていく、という人の存在、人生について考える自らの生を引き受ける姿勢の原型が、良い意味で育まれるのではなかろうか。

＊

子どもの育ちに意味をもつ人、場は小さいもの大きいもの、ほっとした寛ぎや楽しみ、新たな好奇心を呼び起こす広い世界へのいざないの契機、生きていくうえでの人としての基本、本質的事項への気づき、これら、次元を異にする大小さまざまな影響を、いわゆる専門家と呼ばれるのではない人との出会いやかかわり合いの中で子どもは受け取っているのだ。

子どもの育ちが豊かなものになるには、こうした専門家以外の人々から意味ある刺激や影響を受けることが望ましい。市井の人々が自然に子どもにかかわることを、それぞれの立場で無理なくしかし真摯に、そしてどこか肩に力を入れすぎないゆとりある姿勢でやってみよう、それは子どものためばかりでなく、自分の生をも豊かで意味あるものにしてくれるものだ、という認識を高めるような活動が専門家の仕事の一つに要るのではあるまいか。

〈文献〉
・村瀬嘉代子『新訂増補　子どもと大人の心の架け橋――心理療法の原則と過程』金剛出版、二〇〇九年
・バージニア・M・アクスライン（岡本浜江訳）『開かれた小さな扉――ある自閉児をめぐる愛の記録〈新装版〉』日本エディタースクール出版部、二〇〇八年

「呼び名」をめぐって

晩秋の窓からの残照が消えようとする黄昏の面接室で、高校三年生男子のRは不機嫌でいっぱいという様子で押し黙り、上目遣いに私を睨み付けていた。

彼の両親は家庭裁判所で離婚調停のさなかにあった。父親は離婚に反対、母親は彼女自身の形容によれば「管理職の肩書にこだわり、張り子の虎のように中身がなく、ただ威張って暴力を振るう経済感覚のない」夫とは離婚したい、と住所は家族に知らせず、家を出ていた。母親は、知的で隙がなく、元祖キャリアウーマンという感じの人であった。パンツスーツをきりっと着こなし、足を深く組んで煙草をくゆらせながら、結婚当初から現在に至るまでの夫の浪費歴を領収書をも添付したほぼ二十年間の記録を手に語った。

「このように夫との仲は修復の可能性は全くない、そんなことはもうあり得ない。しかし一方、かつては自分の希望の星であったRが生活態度を大きく崩し、在籍する名門高校では、知能犯的に反社会性を発揮して、周囲をきりきり舞いさせ、開校以来の悪玉と教員室では評されている。自分の言うことには耳を貸さない。何とかRを立ち直らせてほしい。でも先生はおっとり、そしてぼーっとしていらっしゃる。息子のほうが頭の回転も早くかなわないのでは……。しっかりやってください」と、数日前、席を立つ間際に言い置いていかれたのであった。

自己紹介して挨拶する私に向かって、Rは「気をゆるしたりしない！」と言う構えを全身から噴き出させていた。でも、彼の怒った肩と横顔には寂しさが滲んでいるように見えた。彼の名前は武人のように威厳と格式を感じるものであった。

ふと私は「ねぇ、小さいときニックネームで呼ばれたこと、ある？」と尋ねた。Rは一瞬、驚いた表情をし、次いで心なしか緊張が緩んで、一気に話し始めた。

「ニックネーム、そんなものボクにはついていませんでした。ニックネームで子どもを呼ぶ家族、親子ってどんな家族だろう。そう、自然な温かい愛情がたっぷりある家族でしょうね……」

彼は遠くを見つめるような眼差しで、物心ついて以来の両親間の亀裂、知的なアチーブメントだけが関心事の母親とは、ほっとしたり甘えたりという経験がなかったこと、今はすべてが空しくて、一蓮托生と級友を賭け事に誘い込んで刹那的に生きていることを語った。ニックネームへの連想から彼の構えは緩み、それが次第に事態の良い方向への展開を促す契機となっていった……。

人をどう呼ぶか、その呼び方はなかなかに複雑で意味深いことのように思われる。そもそも渾名《あだな》とは、特定の人に対して、その人の身体的な特徴や、性質、行動特徴、経歴などによって、実名のほかにつけて呼ぶ名前であるが、親愛や敬愛の気持ちを含んだものから、嘲笑やいじめの意味を含んだものまで、幅は広い。呼び名の意味するところ、用いられ方によっては、呼ばれる当人を励まし、自信や誇りをもつ一因ともなり、人とのつながりに対する安堵感をもたらすことになる。

振り込め詐欺が横行し始めて、その対応への注意が呼びかけられ、金融機関もさまざまな対策を講じ始めた頃、一人の知人が「自分では、おれおれ詐欺に惑わされないようにと平時は自覚していても、咄嗟にもっともらしい言葉で振り込みを勧められたらどうなるか、とちょっと不安になった。だが息子に、〝小さいときのニックネームを言ってみて？　とたずねると偽物はわかるよ〟と言われて、ああ、これなら親子の間でしかわからない、ってちょっと安心した」と笑いながら話された。

呼び名は人間関係の距離感を表す指標でもある。いつも愛称というより、ちょっと軽んじられた、というニュアンスを伴った渾名や略称という感じの呼び名で呼ばれ慣れている子。その子に向かって、姓名をきちんと君やさん付けで話しかけると、一瞬背筋を伸ばすような表情になってから、こころもち誇りある表情を浮かべて、その子どもなりに一生懸命考えながら話そうという展開が生まれる契機にしばしばなることを経験してきた。

大人同士のやりとりでも、時として職場などで、あえて姓名をきちんと呼ばず、○○ちゃん、とか略称で呼び合うことがあるが、それは本当の親近感ばかりでなく、擬似的親しさを醸し出して場を取り繕うという場面もある。

＊

臨床の相談場面で出会う家族、親子は、それぞれ一人ひとり、一家族ずつが違っているのは当然であるが、世代間の境界のない友だち家族の存在が指摘されるようになった頃から、子どもが自分の親を名前にちゃん付けで呼んでおり、それに何の違和感も抱いていない場面にときどき遭遇するようになった。

また、長くひきこもっている子どもに「家では、朝起きたとき、家族の間でどんなふうに言葉かけするの？」「あなたが起きられないでいるとお家の人はどうされるの？」とたずねてみると、「そういえば、別に朝の挨拶なんかずっと交わしたことはない……。黙って、てんでに食事をする……」とか「ノックなしに部屋に入ってきて、黙って布団をはがされる……」「うーん、家で名前を呼ばれたことない、用件がいきなり話される……」などという返事が返ってきて、思わず考え込んでしまうということもある。親が持つ適切な保護と権威のあり方と、こういう親への呼称や子どもに対する呼称とは、あながち無関係ではないように思われる。

相手に対する呼び方には、相手との心理的・社会的位置関係、距離関係がそれとなく反映される場合が多いのではなかろうか。

誰に対して自分はどんな呼び方をしているか、自分は他者からどう呼ばれているか、ふと立ち止まって考えてみると、いろいろなことに気づかされるように思う。

成長変容への密かな願い

郊外の洒落た商店街を歩いていて、とあるショーウインドーに気づいた。垢抜けした、原色の色づかいではない木の玩具が展示されている。つい自然に、中に入った。大小様々の木製のピノキオ人形が、幾多の玩具の中でも目を惹きつける。ピノキオは、身の丈五センチくらいの可愛い操り人形になっているものから、大きいのは私の等身大近いものもある。私は深く考えず、目的もなく、手頃な大きさの操り人形になっているのを一つ求めた。

「ところで、こういうピノキオ人形、どういう人が買っていかれるのですか?」と、振る舞い、言葉遣いがセンス良く感じられる店主に訊ねた。

「小さい子ども連れの親子が多いですけれど、意外に男の子が一人で買っていくのです。なかには高校生も買っていかれます。不思議ですね……」

帰り道、シカゴ大学付属のソニアシャンクマン養護学校（全寮制）で、重篤な情緒障害児の治療教育に大きな効果をあげ、その他にも深い人間への洞察に満ちた著作を多く遺したベッテルハイムの言葉を思い出した。彼はその著書『昔話の魔力』（一九七八）の中で、子どもたちが永く語り継がれてきた昔話を喜んで聴きたがるわけを次のように述べている。

「生きていくのに、大人に頼らざるを得ない子どもは、どこかしら自分自身や将来に心もとなさを感じることがある。昔話に共通して現れるテーマには、人は自分の内なる力と才覚で成長変容していける、もしくは誤りを犯してもそれを省みていくことで、挫折を乗り越えていくことができるというメッセージが込められている」

なるほど、日本の「一寸法師」は、外国の「親指姫」「ラプンツェル」と共通のテーマが取り上げられている。他にも例はたくさん思い浮かぶ。そうか、ピノキオを買い求めていく大きな男の子たちは、もちろん人形そのものがもつ味わいや、白木造りの何とも言えない審美的に訴えてくるものに惹かれてでもあろうが、〝自分ももう少し変わりたい、成長したい〟という意識的無意識的な願いを仮託しているのではなかろうか。ピノキオは妖精との約束を守って、〝よい人間の子どもになりたい〟と願いつつ、サーカスの人たちについて行ってしまったり、あげく、鯨のおなかの中にまで入ってしまい、読者をはらはらさせるが、最後は賢い人間の子どもになれたのである。

ふと、今は成人した息子の昔のエピソードを思い出した。

当時ハワイ大学での一年の交換教授を終えた、今は亡き主人のもとへ、帰国の準備の手伝いも兼ね、私は三歳になったばかりの息子を伴った。息子には折にふれて父親のことは話し、電話で言葉を交わしたりはしていたが、なにぶん出発時は二歳、父親の記憶はおぼろげであった、と思われる。

ハワイに着いて、何やら自分にはわからない言葉を父親がその地の人々と話すこと、そして母親さえもがアメリカ人と何かわからない言葉で話す……。街を行き交う人々の身体を相当に露出したカジュアルな身繕い。息子はいたくカルチャーショックを受けた。

私はそれなりに説明をしていたつもりでもあり、息子を一人にしないよう配慮はしたつもりだった。だが、息子は、「おへそ出している人タクサンイル！」「アブナイ！」などと言いだして、いくら優しくすすめても、パンと水以外は一切口にしなくなってしまったのである。

困り果てつつ、ハワイ滞在は四日間で切り上げたが、主人はバークレーで大学関係者との会合出席の約束もあり、私の恩師も子どもが生まれたなら一緒に訪ねるように、とのお誘いをいただいていたので、三人は帰途バークレーに立ち寄った。

バークレーは、ハワイのように日本との何かしらのつながりを感じるという雰囲気がさらに少ない場所である。息子の口にするものはわずかにゆで卵が加わっただけであった。

私ども二人がそのむかし留学中、親しく交流したフランツは、そのとき外交官として海外赴任中であったが、一人暮らしをされている母上に電話すると、〝会いたい、得意のパイ料理でもてなしたい〟と。私どもは息子の状態を話し、辞退しようとしたが、フランツの母上は「大丈夫、任せて！」。

サンフランシスコ湾を見晴らす高台に、その家はあった。オレンジ色の瓦屋根に蔦がはう白壁、前庭には草花が咲き乱れている。おのずとほっとする心地になる。母上は、フランツが幼い頃遊んだという玩具をいろいろ取り出して待っていてくださった。玄関へ入るのもためらっていた息子は、居間に踏み込むやいなや、玩具の山を見て感動の面持ちで叫んだ。

「アメリカの子どももピノキオが好きなの⁉」

フランツの母上は、およそ百年前にイタリアの作者がピノキオの物語を書いたこと、その後世界中に紹介され、多くの子どもたちがピノキオに親近感を持ち、それは今日まで続いてきたと微笑みながら話しかけられ、主人がゆっくり訳して聞かせた。「フーン」。感に堪えない面持ちでそれを聞いていた息子は、やがて緊張の緩んだ表情を浮かべ、もてなされた手料理を本当に美味しそうに、そしてたくさん食べたのである。

言葉や服装、そして街の佇まいは異なっても、子どもたちはこころの底に、〝よりよくありたい〟と共に願っていることを実感したのであろう。その後の数日間、息子は言葉がわからなくても、それまでとは別人のようにアメリカ滞在を楽しんでいるようであった。

＊

さて、何を考えるでもなく、吸い寄せられるようにピノキオ人形を買い求めた私は、〝よりよくありたい〟と、こころの底でやはり願っているということであろうか。

〈文献〉

・ブルーノ・ベッテルハイム（波多野完治・乾侑美子共訳）『昔話の魔力』評論社、一九七八年
（原題：The Uses of Enchantment : Meaning and Importance of Fairy Tales.）

見守る眼差し

昨今では廃れてしまったが、私の郷里、石川県能登地方ではかつて「よぼしご」という習わしがあった。村で子どもが生まれると、本家筋にあたる家（時にはそういうつながりがない家の場合もある）の当主に、名前を付けてもらう。名付けられた子どもは、名付けをした者の「よぼしご」となり、成長の節目を祝ってもらったり、何かことある場合に相談にのってもらうのである。この関係のあり方は、赤ちゃんの命名に少しかかわったが後は名義的な関係という場合から、養親子に準ずるような関係を持つ場合まで、名付け親とよぼしごの関係はさまざまであるが、多くの子どもは、親や親族の他にささやかではあるが何か後ろ盾を持つ、という次第なのであった。

スイスへ資料収集の旅をした折のこと。ちょうど、スイス人と結婚しスイス国籍となった日本人会の婦人部会の集まりが久々に持たれるのだという。「何か親子関係についての話をしてほしい。そのあと懇談会を」と会の世話人K夫人から依頼をいただいた。スイス国内ばかりでなく、ドイツやリヒテンシュタイン在住の方々も参加され、三十数人ほどであろうか、私が会場に到着した頃には、たまさかの出会いを楽しむ談笑の空気が既に出来上がっていた。

ふと、会員に交じって、十歳くらいの少女が受付を手伝っていることに気づいた。長い睫《まつげ》が、伏し目がちな様子を一層際立たせている。あたりの賑わいの空気とは別に、ひっそりと身を潜めているような雰囲気を醸し出しながら、手の動きはてきぱきと事務を正確にこなしている。その一見アンバランスな、それでいて誠実な仕事ぶりに、私の目は一瞬、釘付けになった。

それに目ざとく気づいたK夫人は、「次女のデイジーです。小学校五年生だけれど、引っ込み思案で学校では孤独な子です。能力は低くはないと思うのだけれど、なぜか三人きょうだいの中で、あの子だけ覇気と自信がないようで……。国語のドイツ語の他に、英・仏語は自在です。いつか日本と交流のある仕事ができるようにと日本語学校へも通わせているのに、本人は乗り気じゃないのです。不思議なことに、今日の会のことを知って、自分からお手伝いを買ってでたのです。珍しい……」と。

講演を終えて、部屋を移動するとき、彼女の耳元でそっと受付の労をねぎらった。デイジーは私と目を合わせ、身を捩って淡く微笑した。漆黒のつぶらな瞳であった。

大人たちの懇談会が開かれている間、デイジーは会費の計算などしていたが、それも終わったようなので、〝こちらに来て一緒に茶菓を楽しんだら〟と誘った。彼女は「自分は子どもだから、絵を描いて待っている」と。

散会するとき、彼女は恥ずかしそうに待ち時間に描いた絵をプレゼントしてくれた。淡く蒼いユリの花が描かれている。彼女のイメージとあまりにも似ているので、ドキリとし、だからこそ大事にしようと受け取りながら瞬時に思った。「ユニーク、静かなのに訴えてくる絵、大切にずっと持っています！」と私はしっかり彼女を見つめて語りかけた。大きく身を振りながら、彼女は瞳に力をこめて私をじっと見つめ返した。

その夜の職業、年齢、国籍がさまざまに違う人々の夕食会で、デイジーは声を立てて笑っていた。会話の輪に自然にとけ込んでいるようであった。K夫人は「デイジーがこんなに他所で明るく話をするなんて初めて見た」と驚いておられた。

聞けば、K夫人一家が信者であるプロテスタント教会では、信者の家に赤ちゃんが生まれると誰か信者の中から、その子の「グランド・マザー」になる人が自然発生的に決まるのだが、デイジーが生まれたときは、教会へあまり行けなくて、デイジーにはグランド・マザーがいないのだ、という。グランド・マザーは誕生日やクリスマスにカードをくれたりなどして、その子の成長をそっと心に留め、祈る存在なのだという。今は消えた私の郷里の「よぼしご」の習わしに似ている。そうだ、仮によい家庭があっても、きょうだいの中でひとり、そういう対象を持たないこともデイジーのあの憂いを含んだ雰囲気に関係しているようにも思えたのであった。

翌日、昼食にK夫人は自宅へと招いてくださった。夫人と長女のエリイは素晴らしく呼吸の合ったピアノの二重奏を、末っ子で長男のマイクは胸をはってバイオリンを弾いてくれた。K夫人のご主人はパイプを口に無言のまま、ロッキングチェアで微笑している。

「デイジーはお稽古ごとがどれも続かなくて……」とK夫人。「おばさんもそうだったわ」と私。デイジーは手提げから、昨夜作ったという牛乳パック製の和紙カードを恥ずかしそうにプレゼントしてくれた。どれも淡いグラデーションの配色が美しいカードである。「きれい！　使うの惜しい、誰にも出さないで持っている！」と私はとっさに言った。


デイジーに誘われ、昼食までの三十分余、近くを散歩した。バラの咲き競う前庭、ゼラニウムに彩られた窓のある家々の間に小さい美術館や教会、小動物公園まである閑静で美しい街であった。デイジーは歩きながら、絵を描く人になりたい、でもなれるか心配だ、と言う。取り越し苦労するより、観察をしっかりしながら、今の気持ちを込めて描きたいものを描いたら。昨日の絵は巧拙に関係なくこころに響いた、と伝え、ピカソの青の時代の作品を思い出したこと、日本の東山魁夷の静謐な蒼色を基調とする絵について話した。また、絵にも色々な画法があること、日本には日本画という独自の画法があって、西欧の影響をうまく取り入れつつ、その特質を保持して静かに発展しつつあること、などなど。デイジーは遠く空の一角を見つめて歩いていた。

「日本ってどんなところ？」「いろんな面があるけど……」「ママの生まれた国だし、行ってみたい。どういうところか自分で知りたい」「そうね、しっかり今の課題をやって、一人で来られるくらいになったら、訪ねていらっしゃい。そのころ私は相当年とっているけど、健康に気をつけて待っているわ」「きっと行くわね」

　気がつくと、私たちは道に迷っていた。午後には別の約束がある。急ぎ、帰らなくては……。やにわにデイジーはこっちのほうだ、時間がないと言いながら、網になっている塀をするりと跳び越えてしまった。「ねえ、越えられない？　時間ない！」。何たること！　一三〇センチくらいもある高さ。私はパンツスーツを着ていた。

「この塀を越えたら、デイジーが今のスランプを超えるのに役立ちますように！　だからトライします！」。内心、行儀の悪い振る舞いの言い訳をした。うーん、ヒラリ（？）。

「跳べたじゃない！」デイジーは白い歯を大きく見せて笑った。憂い顔でなく、子どもらしいほんとに無邪気な表情で。人通りは全くなかった。よかった……。私は胸をなでおろした。

＊

　その後のＫ夫人からの来信。「〝プロフェッサー村瀬〟ではなく、〝塀を越えたオバサン〟が我が家の子どもたちでの愛称になっています。デイジーは自分にとって、プロフェッサー村瀬は教会のグランド・マザーのようなオバサンなのだと言っています。ことにデイジーはあの後、自分から真剣に日本語に取り組んでいます」

　その後の便りや、翌年の束の間のスイス訪問で出会ったデイジーは、より伸びやかに、しかも自ら声をあげ得ないような人々のことをさり気なく視野に入れたボランティア活動をし、かたや絵の部活を楽しみ、友達も大勢できた、ということであった。

近頃、お年寄りと子どもたちが共に何かを楽しむ、という記事や報道に触れる機会が少しだが増えているようにも思われる。今、人々は何やら自分のことで精いっぱいで忙しい、という風潮だが、ひと呼吸して、ちょっと立ち止まって周りを見てはいかがであろう。この世的利害、損得などから自由な気持ちの通い合い、あるいはちょっと護りの薄い子に注がれる眼差し、このような親以外の他者による「見守る眼差し」が望まれているのではあるまいか。

徳之島の子どもたちに出会って

突然、徳之島の役所からの電話。

「ご著書を読み、こういう考え方こそ、子どもの養育に関わっている専門家や親御さんたちに講演で識ってほしいと思ったのです」

えーっと、それは奄美諸島の一つ……。頭の中で地図を思い浮かべる。受話器から「徳之島では一家族の子どもの数は、五〜六人が普通です」と。「少子化と言われる時代にそれは……」と私の内心のつぶやきが終わる間もなく、「徳之島の産み捨て、育て捨て……と言われるくらい、問題もあるのです」という真剣な声に引き込まれる。

鹿児島市から一日一往復の飛行機か、十二時間余の船旅だとのこと。その年はどうしてもスケジュールの調整ができず、翌年に伺った。

せっかくの機会、壇上からただお話しするより、むしろ子どもたちと直接触れ合いたい、と考えた。「予想もしなかったが、願ってもない機会」と先方も喜んでくださり、終日朝から保育園で保育に参加し、それを元に夕刻、保育士さんや保健師さん、その他関係者と子どもたちへの具体的な関わり方についてのカンファレンス、夜は専門家をはじめ一般の方々へ講演というスケジュールを組んでくださった。

役所の方々、ことに保健師さんは島民の家族一軒一軒について事情を把握されており、島民一人ひとりの心身の保健増進について、身を挺しこころをこめて働いておられるのに感じ入った。全島二万七千人余の人口は、流出傾向が止まないという。総合病院はあるが、科によっては週一日のみ診療という状況では、保健師さんの存在に期待されることはひとしおであろう。

最近ではやや変わってきたが、玄関の施錠をそれほど意識しないこと、冠婚葬祭はもちろん、子どもの幼稚園や小・中学校入学の折にも、親戚縁者ばかりでなく、町内で集まり祝うこと、何かというと集まること、障害児を育てている親に対しては、「ご苦労様です」とねぎらいといたわりの気持ちを誰しもが持ち、親類や近隣が助けること……などを聞き、都会で発達障害児に時にむけられる、冷たい眼差しと思い比べたりし、ふっとあたたかいものを感じた。

二月というのに、はや本州の紅梅に似た桜が咲いているのを見ながら、「島内には高校までしか学校がなく、その後本州に出かける者が都会の混濁した人間関係のなかで、自信を失うケースも往々にしてある」と呟かれたのが気がかりであった。

保育園の窓からは眼下に蒼い海が広がっている。子どもたちはほどよく身体が引き締まり、肥満児がいない。小麦色に日焼けし、裸足でいきいき、何事に対しても好奇心いっぱいである。前日のカンファレンスで伺った五名の発達障害児も、一人ひとりがほっこりとした表情で、自分のペースで動き、ここを居場所として基本的に安堵している様子である。

なるほど、振る舞いは状況にそぐわず不器用で、テンポも合っていない。周りに迷惑をかなり及ぼしてもいる。だが、それを他の子どもたちは咎める口調でなく、なだめたり、そっと手を添えて、うまくできない服の着脱など手伝っている。保育室からふらりと外へ出て行くのには、先生に断ってから、さりげなく園庭へついて出て行き、園外へ出て行かないように気配りしている。幼児といえども、気負うことなく、しかし自然に配慮していて、それでいて自然児の逞しさがあるのだ。

牛乳パックで札入れを作り、好きな模様を貼っているときのこと。一人の女児が薄緑色の長いギザギザの折り紙を貼っている。「タンポポの模様？　それ葉っぱ？」「違う、ハブや」とその女の子はニッコリしてから、「お父さん、ハブ捕まえるの上手なの（血清を作るためにハブを生け捕りにする）」と。傍らから「ボクのお父さん、闘牛の牛飼ってる……、お父さんと牛の散歩させる、ボクも牛引けるよ」、周りから口々に「ねえ、聴いて……」。母親の家事手伝いをするのを嬉しそうに話す子もいる。自分の生活に即した家族生活の楽しみ、誇りに思っていることを次々に子どものほうから話してくれる。幼いながら地に足をつけて暮らしている歓びを享受している様子が伝わってきた。

子どもの父母・家族イメージを知る目的で作られた熊の親子のカードを何枚か子どもたちに見せ

て、お話作りの遊びをした。サングラスをかけて棒を持った熊が現れるカードに対し、首都圏の子どもたちは一様に「怖い、悪い熊が襲ってきた……、そして○○する」と答えたのに対し、島の二十人余の四歳児の答えは、「スイカ割りの目隠し」「目隠ししてかくれんぼ」であった。

さらに、子どもたちが超越の世界にどう開かれていくか、それが子どもの成長にどう関連するかを知る目的の、神様、ドラえもん、仏像、怪獣、魔法使い、お化けなど、眼には見えない像を描いた絵カードを見せた。都会の子どもは「お化け」に対し、「これはお化け。昔はいたけど明るい今の時代には出てこれないの」と答えるのが圧倒的なのに対し、ここで出会った子どもたちはちょっと小首をかしげてから「これはお化け。徳之島にはいない」と真顔で答えたのには感じ入ってしまった。「いるとしたらどこに?」と問うと、「遠い海の向こうに」とちょっと照れ笑いして水平線の彼方を指さしながらの答えが返ってきた。おもわず微笑んでしまった。

＊

昨今、失われかけている人を思いやる気持ちや生まれ育つ故郷への誇り、それらが徳之島の子どもたちのなかに息づいていた。今日、子どもに自己防衛の術を教えねばならない不安な要素のある社会であるのも事実である。だが、人間には両面があることを、そして可能性があることを子どもたちに伝えたい、と徳之島の子どもたちに見送られながら思った。

自分の図書館会員カードを持つ赤ちゃん

酷暑の東京から、オーストラリアのシドニーを訪ねた。季節は冬の終わり。気温一五度前後、冬枯れの様子はなく、あちこちに花が咲きこぼれ、市内の空気は澄んでいて、場所によっては木々の葉の香りを含んでいる。文字通り駆け足の仕事の旅の合間に、昼間しばしの空き時間ができた。夕方のスケジュールも翌日の予定もちょっとばかり過密……。そこで遠出は諦めて、博物館と美術館を訪れた。

まず、博物館へ。オーストラリア大陸の動物について、かつて棲息し今は絶滅した動物から、現存する種についてと、豊富なこの大陸の天然資源を中心に、工夫の凝らされた展示がなされている。先住民族の創世神話に登場するレインボー・サーペント（虹色の蛇。太古、この大蛇が大地をはい回って山や川を作ったのだと……）の絵が壁面に飾られたり、他にも、貴重な民俗学的資料がわかりやすくかつ興味をおのずと惹き付けるように展示されている。さらに数カ国語で用意された館内案内のパンフレットには、なんと日本語のものもあった！

展示物の内容やその展示の仕方はもちろん興味深いものであったが、そこへ先生に引率されて来館していた五組ほどの幼児グループや学童たちの様子は、さらに考えさせられるものがあった。

二つの幼児グループと一つの小学校低学年と覚しき集団が私と一緒に入館した。幼児グループと一つの小学生集団は、日本でいえば色々な子どもがいる世の中の縮図的公立の機関らしい。もう一つのグループはどうやらある種の選ばれた階層の子どもたちのようにも見える。でも、いずこも子どもは子ども、エントランスホールではどのグループの子どもたちも元気いっぱいに手遊びやチュンチュンガヤガヤのおしゃべり、鬼ごっこを始めたり、という具合である。ここの展示はこういう小さい子どもにとってどうなのであろうか、という疑問が私の脳裏をよぎった。

ひとしきり、ガヤガヤの時間を過ごさせると、どのグループの先生も、それぞれ独自の工夫で子どもたちが展示を見ようとする姿勢へと導入された。ユーモアを含んだショートストーリーを語りかける。ある先生は日本の「糸巻き巻き……」に似た手遊びと、ちょっとした体操を。別の先生は傍らの恐竜の骨格標本を指しながら、「自分もこれから中を観るのが楽しみ」と、心からそう思っておられるように話しかけられた。すると、それぞれの先生の導入に子どもたちはスーッと静かになり、あるグループは二人ずつ手をつなぎ、他のグループは五人ほどの班を作って、展示室へと移動していった。

古代からの生物の骨格標本が展示されている部屋でのこと、ほの暗い室内で時代順に展示されている動物標本は興味深いともいえるが、はたして小さい子どもたちにどうであろうか……。

でも、読書中の成人の骨格標本がダチョウのそれと並べられて、ダチョウの大きさがわかる、という工夫がされている。館員の説明は聴き手の年齢や興味を考え抜いたもので、こんな地味な化石の説明でも、そうか、とつい聴き入ってしまい、地球の歴史に想いをおのずと巡らすという絶妙な内容である。ふざけている生徒に先生が骸骨の手でそっと触れてからかって注意を引き戻す。そのほかの部屋でも館員や先生の説明には配慮が凝らされていて、子どもたちはそれぞれが楽しみ、なかにはボディアクションを交えて、感想を話し合ったりしていた。


植物園を散策がてら歩くこと二十分余、市立美術館があった。オーストラリア出身の画家の作品の他に、わが国の美術館の多くがそうであるように、欧州のルネサンス期から現代にいたる著名な画家の作品が相当に揃えられている。静謐な館内で絵を観てほっとこころが和むほかに、ここでも子どもの入館者に対する解説の仕方の工夫に私は感じ入った。

例えば、ナポレオン軍を撤退に至らしめたロシアの将官と率いる騎馬軍を描いた四〇〇号くらいもあろうかという壁面いっぱいの絵の前のこと。

ここでも、小学校低学年と覚しき生徒たちは、はじめは興味薄くお互いのおしゃべりに打ち興じ始めるかに見えた。だが、年配の女性学芸員の方は、絵の歴史的背景についての説明に入る前に「ねえ、こんな大きな絵、どうやって描いたと思う？　そして、全体がどうしてうまくバランスがあると思う?」と問いかけ、子どもたちの発言を取り入れながら、自ら画家になったつもりで、一筆塗っては、後退して全体を見る所作をしたり、平素から物をよく見てスケッチブックに描きとめること、史実に触れて想像を巡らせ考えることについて「子どもと一緒に考える」という姿勢で話されていた。

小学校低学年生には無理ではないか、と思われたのに、いつの間にか十数人の子どもたちは考える表情になって、聴き入りながら絵を眺めていた。子どもたちに説明する学芸員や館員、引率の先生方が「識らない人に教える」というよりも、「子どもたちと一緒に発見し、気づき、学ぶ歓びを持って話しかける」という姿勢を共通して持たれているのが印象的であった。

＊

この感想を埴原美鈴国立マッコウリー大学名誉教授にお話しした。埴原先生はマッコウリー大学に日本学研究所を興して、彼の地に政治・経済・文化多方面に日本通として国際的に活躍する人材を育てられた他、教育方法についても創意をフルに発揮されて、ＯＡ研究者とのコラボレーションによって成果を挙げてこられた方であり、昨年の日豪年でも、両国の架け橋として大きな役割を果たされている。

つよく肯いて先生はおっしゃった。

「そう、オーストラリアという国は、子どもを新しい知や感性の世界へ誘うことに本当に熱心で、子どもの中に潜むものを伸ばそうという気持ちが社会全体にあるのです。美術館や博物館、図書館には有能なボランティアが大勢おり、子どもたちに展示物を説明することの他、彼らが調べ学ぶことを援助しています。

図書館では、子どもの部門もとても充実しています。私の子どもたちも生後一〇カ月で、自分専用の図書館会員カードを持ちました。お母さんに抱かれた赤ちゃんに語りかけ、お話を語り聴かすプログラムがあったのです。

ですから、この国では一般的に言って、子どもたちにとって図書館は身近な大切な存在で、何かあるとすぐ図書館へ行きます。考える姿勢を持ち、協調に配慮しながらも、自分の考えを表現できる人を育てようとする、そういう精神風土があるのです」

日本も教育水準は高く、子どもの育成には力を多く注いでいる国である。でも、やはり、埴原先生のお話と昼間の子どもたちの様子に、私はうーん、と考えさせられた。

「本物」に出会う

養護施設の子どもさんたちを夏休みや冬休みにお招きするようになって、十五年になる。はじめの頃は年齢の小さい人たちだったので、表現製作遊びやゲームをしたり、子どもたちも一緒に手伝って調理するなど、家の中で過ごすことが中心であった。そのうち小学校高学年の人や、時には中・高校生が訪ねてくるようになり、ちょっと違った世界へ開かれる契機が持てたなら……とふと考え、美術鑑賞や音楽会へ一緒に出かけることを取り入れるようになった。

ある年の旧盆のこと。訪れてきた六人の子どもたちに、まず早めの午後のお茶をした後に美術館へ行き、夕食はレストランでとることを提案した。レストランへ行くことはすぐ全員一致で賛成となったが、美術館と聞いて、騒然。

「おれは通信簿に美術は1か2しかついたことない！」「ゲイジュツなんて興味ないっス！」「出かけるよりビデオでも観ているほうがいい！」等々。それでもまあ、教科書に載っている泰西名画とやらを実物で観るのも一興か、と話は落ち着いた。

軽度の知的障害があり、平素、何かと皆から疎んじられて萎縮しがちなS君が体面を少しでも取り戻せればよい、と地図を渡し、B美術館までの道順をナビゲートしてもらうことにした（さりげなく私が手伝うことにして……）。地図を渡され、役割を頼まれたときのS君は一瞬困惑した面持ちであったが、年下の子が切符を買うのを手伝ったり、駅の出口の選び方などについて教えたり、要領がわかってくるといつものうつむき加減の姿勢から自然に背筋を伸ばして歩き始めた。

旧盆の東京の都心は何と静かなこと。おまけにB美術館では私たち七人以外に客はたったの一人。「貸し切りじゃん！」「ほんと、素敵」、何か気持ちにゆとりが生まれてくるような……。照明が工夫され、隣の作品と程よい間隔で展示されている絵から、おのずとゆっくり絵と相対するという気分が生じてくる。出かける前は、レストランでの夕食のための付属行事ともとれる雰囲気でいた子どもたちは、引き入れられるように絵や彫像をながめ始めた。

「村おばさん、ねえ、不思議、この絵は下手でオレの描く絵と同じように思うんだ、だけどなんか引き込む力がある。訴えてくるんだよ」

「ほんと、下手だから同じだと言っても、ここにオレの絵を飾っても、誰も引き入れられないな……」

「なんで、下手くそなのに引き入れられるのだろう……」

子どもたちが感に堪えない面持ちでコメントしたのは、初期のピカソとマチスの絵であった。そしてまた、一〇〇号ほどの画面に花々や子どもが舞い踊るような構図で、一見明るい色使いなのに、そのモチーフの配置と色彩の独特なトーンが不確定さを漂わす絵の前で、別の少女が呟いた。

「題名は春で、確かに可愛い花や子どもが描かれているのに、この絵には悲しみが滲んでいる、観ていると深い寂しさが伝わってくる……」

確かにその画家は画壇での地位は確固としてはいたが、うつ病の症状に苦しみ、呻吟の中からようやく作品が生み出されると漏れ聞くことがあり、時に制作を休止することもある方であった。

六人は口々にここに展示されている絵は、何か強烈に訴えてきたり、見る人をとらえるところがある、そしていくつかの作品は技術は下手そうに見えるのに、そんなことは超越しているところがある……と真剣に話し始めたのである。

帰途、出口で「泰西名画がプリントされたバインダーを来館記念にプレゼントしたい。各自が好みのものを選んだら」と伝えた。無難なセザンヌの風景画のバインダーを選んでほしいという私の内心の気持ちとは別に、子どもたちはルノアールの胸元も顕わな乙女が花々に囲まれている絵がプリントされたバインダーを選んだ。

つい、「学校で使うのだから、こんな肉体を感じさせる絵よりも風景画のバインダーのほうがいいんじゃない?」と口走ったところ、「おかしいよ、ただの変なヌードと芸術性のあるヌードと違うの、わかるでしょ!」と言われてしまった。

＊

十階のレストランから、暮れなずむ東京の街並みを見下ろしながら、子どもたちはいつもと違った表情で真剣に話し合った。

「なぜ、今日観た絵が自分たちを惹きつけたか」

「技術が上手なのも大事だけど、技術だけでは何かが足りない」

「その〝何か〟がある絵が時代や国境を超えて人のこころを打つのじゃないか、でもその何かはうまく言葉にならない……」と。

ミレーは画材もろくに買ってもらえず、農業を継ぐことを当然とされた環境で、薄暗い納屋で板に密かに絵を描き、それがあまりにも迫真の作品で人のこころを打ったこと、わが国でも同様に雪舟の逸話があることなどを独り言のように私はそっと話した。普段から言葉少なで黙って考えながら話を聴いていることが多いO君がぽつんと呟いた。

「何をおいても、これは好きだ、大事だ、って思って一生懸命、純粋に打ち込むことが、人に伝わるんだよ、嘘がないんだよ……」

「あそこに飾られていた絵は描いた人たちが真剣なのだ……」

「そう、本物の条件って真剣、一生懸命ってことがあるわね……」

ちょっと緊張してフォークとナイフを使う食事と、その夕べの会話は何かしらトーンが合っていた。ふと気づくと、夜のとばりはすっかり下り、眼下の灯火は燦めきを増していた。

食を通して伝えられるもの

数カ月前のこと、ふと深夜のBSテレビをつけると、ある県下の公立小・中学生三千人に自宅での食事（朝食と夕食）、一週間分を写真に記録した結果についてのレポートと論評が放映されていた。一食の内容が並べられて、上から撮影されている。驚いたことに、朝食も夕食も、並べられた食物の彩りが茶色っぽい。菓子パンとスパゲティ、カレーとスナック菓子にバナナ、焼きそばとパンという類の組み合わせが目立ち、一汁三菜というのは死語になったのかという具合である。

野菜が少なく、レトルト、テイクアウトで買ってきたものが多く並んでいる。同じ時間帯に家族が揃っていても、家族成員それぞれが別々の献立の食事を食べているという家庭もかなりある様子。なかには文字通り「個食」で、自分の部屋で、あるいはテレビを観ながら一人で食べるという説明も多くなされていた。それにしても既製品を並べている感じのものが目立った。そういえば、デパートの食品売り場ばかりでなく、コンビニエンスストアにも、夕方になると和え物や唐揚げ、漬け物などお総菜がそれも小盛りで並ぶようになって久しい。

画面では、良識あると見えるごく普通のお母さん方が「食事を楽しく食べるには、各自が好きなものを食べるのがいいでしょう?」「楽しいはずの食事を栄養だの何だの子どもの機嫌が悪くなるようなことを言ってもめる場にしたくないし……」と話しておられた。小6でサッカー選手をしているという子どもの夕食も、黄緑野菜が全くない献立で、アナウンサーが思わず「いつもこうなのですか?」と問うた。「ええ、好きなものを並べるので、毎日だいたい同じ献立です。今日のような具合です」「運動していて、これで栄養は足りているのでしょうか?」「今に大きくなって、本人が自覚して考えるようになったら調節するのじゃありません? 運動して疲れて帰ってくるのですから、好きなものを食べられるようにと……」「?・?」見ているうちに考え込んでしまった。

言うまでもないが、食とは人間の生活にとって、生物・心理・社会的に非常に多くの意味を持っている。とりわけ成長途上の子どもにとっては、栄養のバランスある適切な食事は、身体の成長をもたらし、日々の活動エネルギーと身体的健康を増進するものであることはもちろん、精神的なバランスを維持するうえで、さらにはセンスの豊かさを育むうえでも大きな影響を及ぼすものである。

食事は味覚に訴えるだけではない。彩りと盛り付けの配慮は視覚を通して美的センスを養い、食べる前からえもいわれぬ感動を呼び覚ます。また、嗅覚を刺激されると食欲がそそられるばかりでなく、時に思いはイメージの世界に広がり、食事の楽しさが増す。

かつて、社会に自分の居場所を見出せない青年たちのために、次の展開へ向けて心理的援助を行いつつ、通信教育や作業、職業実習を行っていたある施設で、私が食事作りボランティアをしたときのこと。限られた予算で、何かファンシーな気分も提供したいと考えた。そこで、安価な食材であったがホイルに包んで、ちょっとワインの香り付けをし、包みに木の葉を飾った。広汎性発達障害といわれ、周囲から浮き上がっていたA少年が、ホイルを開いてワインの香りがほのかに漂った瞬間、「ムラセセンセのお料理はパリーのにおいがします！」とうわずった声で叫んだ。周囲は彼の洒落た台詞に感動し、それまではその状況にそぐわない発言ばかりを取り上げていていたのが、「A君、なかなかよいセンスあるんだね」と少し風向きが変わり、卓を囲みながら、A少年はかつて訪れたパリの印象を話し始めた。食を通してコミュニケーションが促され、団欒が生じ、人と人とのつながりが深まる契機になる。家族が揃う食卓状況は大切な家族のつながりを確かめ、深める場であり、ほっとくつろぐことで、緊張のゆるむ貴重な憩いの場にもなろう。

言葉は気持ちや考えを伝える大切なツールであることは間違いない。しかし、言葉以外の行為によって、人の心が伝えられるということも多い。例えば、子どものときの思い出。熱があって食欲がないとき、サクランボのシロップ漬けが一粒飾られていた、すり下ろされたリンゴ。ひょっと手が出て食べてしまう見栄えのいい小さなおむすび。贅沢な材料ではないが、味付け、彩り、盛り付けに気配りされたお弁当箱を開けるときのあの期待感……。味も格別だが、「ああ、心にかけてもらっている」と安堵感が湧いてきた。配慮を込めて大切にしてもらう経験をもとに、子どもは相手を思いやる、という行為の意味を自然に学び、それを自分の行為として他者に向かって発していけるのだ。

「刑政」二〇〇六年十月号（財団法人矯正協会発行の月刊誌。読者は、刑務所・少年院・少年鑑別所等の矯正職員、教誨師・特使面接委員や大学の刑事政策研究者。大学図書館などに所蔵。市販はしていない）をふと手に取った。現場の発言欄では「炊事・食糧業務」が特集されており、八人の教官、刑務官、技官などの方々が寄稿しておられる（ちなみに、食事はいろいろな意味で大きな意味を持つということで、少し以前から、矯正現場では上級職試験に合格した人も炊事・食糧担当が職務の一部に加えられる場合がある。少年と一緒に調理することも、矯正教育を統合的に進めるうえで意味があると考えられ、適性を考慮したうえで実施されている。なかなかの見識だと思われる）。

どの執筆者も食事の大切さを説かれ、それ故自分の業務に意義を感じ、責任を全うしたいと表現こそ違え記述されている。「美味しい味付けになるように」「温かいものは温かく、冷たいものは冷たく出せるように、調理の手順についても考えている……」など、なんと行き届いた配慮であろう。「手塩にかけた調理」という言葉が思い浮かんだ。かつては「臭い飯」と暗喩に使われるようなこともあったが……。そう、受刑者であっても基本的に人として遇される、それがあってこそ、本当の意味での自分を大切に思う自尊心が生まれ、自らの犯した過ちを引き受ける覚悟と勇気が生まれてくるのであろう。

＊

道元禅師はその著「典座《てんぞ》教訓」の中で、食生活の大切さを説き、こころを込めて食事を作ることは雑用でも単なる他者のための営みでもない、その行い自体が自らの修行であると説いている。こころ豊かということと「食」を大切にすること、このつながりをこころに止めたいとつくづく想う。

〈文献〉
・「現場の発言／炊事・食糧業務」、『刑政』第一一七巻第一〇号（二〇〇六年十月号）

第二章　子どものこころを支える

子どもの不安

質と量の違いはあれ、人の生に不安はつきまとう。なかでも、子どもの不安はそれを伝える言葉も、さらには対処の仕方も不慣れな故に、子どもにとっては大人が一般的に考える以上に重い負担であろう。

「子どもは責任を負わずともよい、好きに遊べて楽……」という表面的な考えを聞きもする。しかし、生きていくうえで子どもはまず社会的経済的に大人に頼らざるを得ない。人間関係も受け身的立場から始まるものがほとんどで、能動的に選べるのはかなり長じてからである。未来時間が長くたっぷりあるのはよくもあるが、将来の幸福は約束されてはいない（小学校入学の朝、記念写真を撮ってもらいつつ、「六年間て長いなぁ……、無事に過ぎるのだろうか」と私の念頭を不安が掠めた。事実、四年後、第二次世界大戦敗戦によって、私個人などというより、わが国全体に対してであるが、予期しなかった大変化を受けとめることを余儀なくされたのである）。

恐怖は対象が特定され、不安はより茫漠とした対象をもとに生じるといわれているが、人の感覚上、ことに子どもにとっての不安とは、恐怖と一線を画して分かたれるというより、心細い、寄る辺ない、手がかりがない、見通しがない、ことのわけもよくわからない、自分の努力や力では容易に何ともできかねる、途方に暮れる、といった思いが渾然一体と混じり合ったなんとも恐ろしい切ない感覚にとらわれるということであろう。

子どもにとって、日々の生活は新しい初めての出会いの連続である。それらは好奇心で満たされ、世界が広がり、可能性に目覚める生の歓びをもたらす。しかし反面、生に纏《まつ》わる厳しい本質的事実に次第に気づいていくことにもなる。人は誰しも死ぬ。最愛の人や大事な人とも別れはある。楽しいことが継続する保証はない。人は心変わりすることがある。怠けては志をなしがたいのは当然だが、努力しても希望は必ず叶うとは限らない。天災や事故もある……。

不安に陥る要因は枚挙にいとまがない。けれど、子どもたちは不安を抱きながらも、それに押しつぶされず、よい支えを得て、不安との関わり方を考えるようになり、適切にコントロールし、さらにこの過程を糧にして、精神的に成長していくことをなしている。このよい支えになることとは何であろうか。

それは子どもの傍らに身を添わせる心持ちで、子どもの容易に言葉にし得ない不安をくみ取り、それを一緒にそっと抱え励ます心持ちの大人の存在であろう。実は大人とて、常に確実な正解や解決法を持っているわけではない。卑近な例でいえば、自らが生み出した科学技術を自ら十二分に制御し得ないのでは、など、大人も不安にさらされている。だが、いたずらに軽く表面的な言葉で励ましたり、説得したりするのではなく、不安のあまり、言動を取り乱したりする子どもの内面をくんで、子どもにひとりぼっちの思いを抱かせないようにすることが大切なのだ。

　子どもに安心感を贈るには、豊かな知見を持つとともに、大人自身が自分の生を振り返り、独りよがりでない誠意ある生き方をしているかを自問することが求められる。そして、子どもにも人格を認め、人生の先達として子どもの進む道の半歩先に灯を掲げる心持ちと同時に、共に不安を分かち合い、寄り添う姿勢が求められよう。

こころの〝しなやかさ〟と〝勁さ〟

こころの〝勁《つよ》さ〟とは

「子どものこころが折れるとき」という表題での執筆依頼があった。はて、「こころが折れる」という言葉を私は用いた記憶がない。これは「くじける」に相当する意味であろうかと、さっそく、老若男女いろいろな人にこの言葉がどういうときに用いられるのかたずね、日常のいろいろな場面に注意を凝らしてみた。比較的、最近よく用いられるようになった表現だという。なるほど、テレビのドラマやニュース解説に「折れる」という表現がときどき用いられている。外からの不本意な刺激にくじける気持ちになるという意味に受け取れた。『広辞苑』を引いてみると、四番目の意味として、「心が弱くなる」とある。

「くじける」という場合は、自分なりの目標をもって、相応の努力を継続してきた過程があり、ものやこととの相互関係があって生じる「折れて傷つく」体験というニュアンスがあり、「こころが折れる」という場合は、対象と相互交渉のやりとりの結果というより、自分の外からの刺激によって、こころが傷つき、気弱になる、という意味のようである。

近年、社会的にはかつてない経済不況が続き、それにともなって失業の拡大、社会保障制度の危機が浮かび上がっている。人々は茫漠とした不安に駆られ、人間関係の疎外化が進んで、無縁社会という言葉も頻繁に耳にする。一方、悠久の自然などという言葉とはうらはらに、温暖化で崩壊した氷塊が南極では海に流れ出し、海面が上昇し、平均気温も上がったと報じられている。このままだと地球全体の地勢や気候への影響が案じられる。現に世界各地での異常気象現象が報じられているし、生物の生態系への影響も現れてきている。さらには農業、漁業、林業への影響が指摘され、人の健康への影響も予測されている。加えて、地球上各地に大規模な自然災害が発生し、そのうえ、世界各地にテロの危機もある。

こうした背景をもとに、身近な人々の日常生活にもさまざまな問題が影を落としている。親の離婚、子どもや高齢者への虐待、家庭内の暴力、学校でのいじめなど、生きる上での苦しさは限りなく、この世を生きることはまことに容易ではない。不測の困難な事態が多い現実を思うと、つい無力感が増すのもむべなるかなである。

しかし、人の人生を誰か他者が代わって生きることや、自分の負荷を他者に代わって担ってもらうことはできない。こういう先の不透明な時代にあっては、こころを勁くしなやかにもつこと、つまりこころの〝つよさ〟が求められる。勁さ、それもただ硬い〝つよさ〟ではなく、しなやかさをもつ〝つよさ〟が求められている。こころが折れる、くじけるのはどういうことなのか、折れにくいしなやかな〝つよさ〟とはどのように培われるのかについて、考えてみよう。

こころの〝つよさ〟の性質については大別して、次のように考えられる。すなわち、弾力性や復元力をもち、外部からの強い力を受けても、撓《たわ》んだりする場合はあるが、しなやかな弾力性をもって受けとめ、壊れてしまわないという特質をもつ〝つよさ〟と、硬く強度は高いが、弾力性が乏しく、外部の力に諍《あらが》い（抗い）きれない場合は、壊れてしまって容易には復元できない、という〝つよさ〟とがある。こころはできればポキリと折れてそのまま……、というようであってほしくない。子どもたちがこの人的災害や自然災害の多い現実を生き抜いていくには、復元力のあるしなやかなこころの〝つよさ〟をもつことが必要不可欠になってくる。

自明なことではあろうが、こころとは平易に捉えれば、「人が自分自身をどう捉えているか、周りの人やこと、物へどのようなかかわり方をするかに立ちあらわれる」と捉えられる。こう考えると、こころの〝つよさ〟とは「生きる力」と裏打ちし合っている、といえよう。

レジリエンスとこころの力

近年、心理学用語のレジリエンスが臨床領域でとみに注目されるようになってきた。こころが傷ついても成長するという人間の可能性に注目し、そうした可能性をより実現しやすいようにするのが適応能力としてのレジリエンスである。この言葉は「困難な状況にもかかわらず、うまく適応できる力」「挫折から回復・復元する弾力性」を指している。つまり、こころの〝つよさ〟とはレジリエンスを平易に表現したともいえよう。

人が困難な状況に遭遇したり、挫折したとき、あるいは窮地に陥ったとき、悩み苦しみ、ときには深く傷つくことになる。その場合、本当に絶望して立ち止まり、打ちひしがれてすべてを諦め、否定的な気持ちに身を委ねてしまうか、その辛い状況や過程に耐えて努力や工夫を積み重ねていくことの大切さを学び取るのか、まさしく危機に遭遇することは転機となる。このようにまず大別して二分すれば、ものごとを概してポジティブに希望をもってあたるタイプの人は危機に陥っても諦めない道を選択する。ただ、諦めない過程には忍耐することが必然的に伴う。さらに、諦めないで努力を重ねる過程には、時間軸と周りの人間関係や自分の立ち位置というような全体状況を的確に捉えることと、状況にどうかかわるかという現実的な知恵と技が必要になってくる。

レジリエンスを生み、育むもの

レジリエンスをテクニックという面に重きを置いたと思われるレジリエンス・トレーニングも近年いろいろ開発されているようであるが、ここではレジリエンスの基盤となることがらについて考えてみよう。

①存在を受けとめられる体験の必要性

レジリエンスがよりよく機能するには、人が自分の存在やこの世に対して抱く「生まれてきてよかった、この世は生きるに値する」という基本的信頼の感覚が基盤として必要である。人間は生まれてくるとき、自分に纏わる条件を何一つ自分の意思で選択できない。身体的素質、誰を親にもつか、どういう人間関係の家族の一員として生まれるのか、その家族の社会経済条件はいかほどなのか、その他国籍、民族など……。これらの条件は生まれてくる子どもにとって均等、平等ではない。なぜに自分はこのように負荷の多い条件を担わなければ、と嘆かれる人も当然あろう。だが、他者がその人に代わって、その人の生を生きることはできない。一方、銀の匙をくわえて生まれてきた、と羨まれるような人が必ずしも常に幸せな人生を歩むとは限らない。人は誰しもまず自分の生得的な所与の条件を受けとめるところから自分の生を歩み始めるのである。その歩みをすすめるために何が必要であろうか。

待ち望んだわが子が生まれたとき、多くの親は無条件にわが子の存在そのものをよしと受けとめる。護られた母親の胎内からこの世に生まれ出るということは、子どもにとって未知の経験にさらされる途方もなく大変な、不安な経験である。生存のためには自分自身ひとりではほとんど無力で、親、もしくは親に代わる役割をする大人に頼らねばならない新生児にとって、自分の存在をよしと受けとめられる体験は非常に貴重なものであり、安心、安全感の元になる。そして、ここから未来への希望の感覚が生じてくる。人生の始まりにおいて、存在を受けとめられ慈しまれることの大切さはいくら強調してもしすぎることはない。なかには、不幸にして、こういう安心や安全の感覚、存在の保証感を十分に得られなかった子どももいる。虐待やその他子どもの成育にとって望ましくない状況で生まれ育つ子どもたちがいる。この子どもたちにとって、まず無条件に「あなたの存在はそのままいるだけで尊い、大切だ」と純粋にこころから思い、この思いを行為を通して伝える人に出会えることが必要不可欠である。

なにかこころがおぼつかなくもろい子どもは、この存在をまるごと受けとめられたという安心感が不十分な子どもである。つよくなれ、しっかりなどと励ます以前に、この子どもは基本的信頼感を体得しているのであろうかと考え、もしそれが欠落し、著しい自己否定感や世の中に対する不信感が強いようなら、言葉の上でただ励ましたり、技を教える前に、まずは無条件にあなたは大事な存在だと受けとめることが必要である。この基本的信頼感は人生の基盤といえよう。

②子どもと呼吸を合わせながら自律を会得させ、自立心、自尊心を育てる

人間は本来、周囲とほどよい関係を保ちたい、そして自分のことは自分で対処したい、自分の意思で自分のあり方を考え、選び取っていきたいという基本的欲求をもっている。子どもの成長発達の状態に個別に即応するように心がけながら、その子どもと呼吸を合わせるような心持ちで、生活

習慣の会得をはじめ生きる知恵を伝えていくことがまず求められる。子どもの傍らで手を添え、ときにはそっと手助けしたりしながら伝え教えていくことが望まれる。心身の発達状態に即応して、生きる知恵や技を会得する経験を通して、子どもは「努力すればできる自分」という自尊心が育ち、加えて、「できるようになることは楽しい」と思うようになる。この場合、自律を性急に子どもに求めると、子どもは自信を損ない、萎縮することにもなりかねない。

③生きるうえでのモデルを見つけ、成長への希望を抱けるように

成長途上の子どもにとって、日々の生活は初めての新しい経験に充ち満ちている。この世には美しいもの、醜いもの、人間を助け豊かにしてくれる諸々のものやこともあれば、予期せぬ怖ろしいことやものもあることを次第に経験していく。そして、生きるうえでは楽しいことも思いに任せぬこともあるということ、そして人にとって、耐えることも時には必要なこと、難しく思われることにも逃げずに取り組むことに意味があることなどを、識っていく。こういう世界が開けていく過程で、あのような人になりたい、すてきだ、という人生の先を歩いている大人の中に憧れの対象を見出せることも大切である。

④人間関係の網の目の上での確かな居場所感覚

人間は、はじめは母と子の濃密な一体感をもとにした安心の世界で護られているが、次第に関係

の対象を広げていき、受け入れられる、あるいは認められる対象が増えて、そういう人間関係が豊かになるにつれ、居場所感覚が確かとなっていく。そして、自分の希望とともにそうした周囲から自分に寄せられるほどよい期待と信望が自尊感情を高めていくといえよう。

このように育ってくると、子どものうちに「自分は大切な存在だと他者から認められている。将来の自分のあり方を思い描き、またそういう方向へ成長しようとしている自分はほどよく支えられ、期待されている。困難もあるが生きていることはよいことだ、将来へいくばくかの不安もあるが希望もある……」という意識的無意識的感覚が生じてくる。この自信はレジリエンスを育てるための基盤であり、かつレジリエンスを育てようとする過程を通してさらに確かなものになる。

レジリエンスを育てる教育の主眼を深谷（二〇〇九）は従来のそれとあえて比較すればと断りながら次のように表示している。

従来のアプローチ	レジリエンスを育てる教育
強い意志	心のしなやかさ
がんばれ	なんとかなるさ
自主自立	なかまに助けを求める
ストレスをへらす	ストレスをパワーに変える

レジリエンスが育っていき、こころがしなやかに頸くなった人物像とは、次のように描かれるのではなかろうか。

「いたずらに力まず、現実状況を的確に捉えながら、自分の対処能力に応じて、自らも努力しつつ、ほどよく他者に助力を求めることができるようになる。かつ、平素から人間関係をつくり維持することが円滑にできて、自分を生かし、他をも活かす、協調や協力関係を円滑にもてるようになる。そして、一見難しい課題に対しても、その苦しさや悲しさにどう耐えるか、どう取り組んで解決したりのりこえるか、諦めずに考えつつ耐える過程のうちから何かを学び取っていける。さらに、自分のこころのちからを自分自身の課題解決にのみ使うのではなく、他者に対して想像力を働かせつつ分かつことをもする」

身近な日常生活を大切に

さて、こう考えてくると、特別に構造化されたレジリエンス・トレーニングはもちろん有効であるが、子どもがしなやかなこころの力をもてるように育つためには、子どもを育てる大人は日々の生活をこころを込めて営むこと、身近な普通のことを普通に行うことが実は何よりも大切であるように思われる。

まず、家族の生活できちんと挨拶する（相手を人格ある人と認める基本の営み）、バランスのとれたこころを込めた食卓状況（食育の場である。食事は単に栄養やエネルギー源を供給するだけではない。バランスのとれた食事には視覚、味覚、嗅覚を通して、さまざまなメッセージが伝えられる。また、食卓ではそれを囲む家族成員の間でのコミュニケーションを通して、相互の思いやり、苦楽を分かち合って憩い安らぎが得られる）、子どもも生活場面でお手伝いをし、生きたスキルと自分は有為な存在だという自負心をもてるようになる。また、相互交流を大切にし、相手の話をよく聴く。利便性を大事にしつつも、バーチャルな現実から結果だけに触れるのではなく、物事の過程を子どもと一緒に味わう（さまざまな実体験）。マニュアル思考ばかりでなく、観察し、気づき、それをもとに考えたり、調べたり、相談して、自分の力で過程を経てわかる喜び、知る楽しみを味わえるような状況を経験できるようでありたい。

このように考えてくると、しなやかなこころが育つということは、本来は普通の生活を普通に営むことが基本であることに思い至る。効率優先の現代にあって、さりげなくしかし配慮のこもった生活を営んで、子どもを育てていくことは容易ではないが、大切にしたい。

〈文献〉

・深谷昌志（監修）、深谷和子・上島博・子どもの行動学研究会・レジリエンス研究会（著）『子どもの「こころの力」を育てる』明治図書、二〇〇九年

マニュアルやプログラムを活かす

もう久しく前からのことであるが、家庭で調理するのも、随分と便利になった。例えば、本来は火加減や時間がその出来上がりに微妙な影響のある茶碗蒸しなども、電子レンジのメニューにセットし、ボタンを押せば、後の出来上がりは〝す〟が入らず、まずまず失敗なしという具合である。ただ、昔ながらの蒸し器で、時間と火加減に心配りしつつ、いささかおののきを感じながら作った茶碗蒸しのほうが、何か微妙に美味しく感じられる。そして今も料理屋さんではやはり蒸し器を使っておられるようだ……。マニュアル化されたものと、個別的にていねいに配慮されることの違いは、確かにある。

手順や基準が明示され、ある質の保証というか均質性があること、目的にそって何をどのようにどれくらい行っているかなど、そのプロセスや結果について説明がしやすいことなど、マニュアルに従ってことを進めるのは確かに現実的意味があることは事実である。その手順は科学的らしくもある（科学的とは何か、と掘り下げて考えれば、ことは決して単純ではないが、この議論は別の機会に）。

能率化、合理化という視点から考えれば、目的と効用を考えてマニュアルを取り入れていくことは確かに必要ではあろう。手がかりや手順を全く知らずしてことを進めようとするのは、暗夜に羅針盤なしで航海するようでもある。

マニュアルやプログラムに従ってことを進めていこうという傾向は、今や心理的援助活動の領域でも盛んになってきたように見える。例えば、社会現象のように語られるようになり、それでいて減少の兆しが見えず、現状はさまざまな要因が輻輳して難しさを増している児童虐待問題に対しても、家族への援助や暴力傾向のある子どもに対して、プログラムに基づく指導などが導入されるようになっている。

だが、マニュアルやプログラムというのは基本的スタンダードや手順の提示であり、それぞれが個性ある個人にぴたりと即応するという具合にはいきがたい。そして、しばしば現実というのは、既成の理論やマニュアルなどでは対応しきれない、これらを超えた難しい特質を持っている。マニュアルやプログラムというのはまあ、いわば洋服を仕立てるときの原型に近いようなもので、これをもとにいろいろ考え、ことに当たっては創意工夫することが必要であろう。

ある情緒障害のある子どものグループで、暴力改善プログラムを実施されている場面に遭遇した。そのプログラムの課題の中に、人のさまざまな表情の写真を見せて、その表情に込められた気持ちをよみとらせ、感情移入力を育もうという問題があった。

子どもたちの答えは、期待される望ましい答えとはかなり違っていた……。でも、それは子ども自身の資質だけの要因であろうかと、ふと疑問に思えた。写真の人物は日本人ではなく、服装も平素の日常感覚からして、はたして身近に受けとりやすいだろうか、と疑問に思われるものだった。また、「地下鉄に乗る」という設定も、そこにいたほとんどの子どもたちにとっては、地下鉄に乗る機会もなければ、見たこともなく、実感のない乗り物であった。

一人の子どもが「笑顔」という答えが期待されるカードに「笑っている」と答えた。プログラムを進めていたセラピストが「そう、どんな楽しいことがあったのでしょう」と応じ、いろいろ社会通念的に楽しいであろうと考えられている出来事を列挙された。

件の子どもは、「悲しくて辛いとき強いて笑うことあるやろ！」と小声でひとり言を言い、むっとしてそれからはうわの空で手元の紙に落書きをしていた……。

そう、「悲しいときに、強いて笑顔を作る」という気持ち、素直に泣けない事情など……、その子はそういう経験や人の気持ちの複雑さを思い起こしたのかもしれない。でも、それを汲み取られることはなく場面は流れていた……。

ちょうど、法務省から送られてきた雑誌『刑政』を開いて、ある少年院長の若手教官についての次のフレーズが目にとまった。

「頭脳的には、すぐれた潜在能力を持っておられるのですが、十分発揮、開発されていないような場合があるのではと案じられる。今は教育が整備され整ったマニュアルにより、誰でもある程度の水準の指導が可能となっているため、その吸収、実施で満足してしまっていないでしょうか。……積極的に考え、見出すようであってほしい……」

そう、対人援助職にある者は、スタンダードやマニュアルを会得すること、またプログラムを必要に応じて、適用することができることは大切である。だが、それらの上に一人ひとりの被援助者の必要としていることは何かについてよく観察し、考え、個別に即した、それぞれのかかわりを常にこころがけたい。

クライエントと向き合う基本の関係

もう二十年以上前のこと。

サイコセラピイ関連の文献を読んでいて、「クライエントとは○○である」「患者とは○○である」と面接者というか援助者の視点から、相手を対象化して記述される内容がほとんど、といっても過言ではないことにふと気づいた（すべての文献に目を通したわけではないが……）。

それは当然、何か問題や症状を持って、生きにくさを感じている人に対して、その問題解決や少しでも生きやすくなるように援助するためには、相手を対象化してその特質を緻密に的確に理解することから始めるのが、まあ一般的とも言えるであろうから……。

しかし、どうであろう。初回の出会いは、相手も「自分はこの人に自分を委ねて、胸襟を開いて話したものかどうか」と意識的・無意識的に実は真剣に面接者を観察し、考えているに相違ない。また、面接者にいろいろ期待することがあっても、それを言葉にするのが躊躇《ためら》われるということもあろう。そういう相手の気持ちや考えを識ること、それへ思いをめぐらすことが必要ではないか。

今では当然のこととして、さまざまな情況でアンケート調査を行い、相手のニーズにどれだけ応えているかということを尋ねるようになっているが、当時、クライエントにそのようなことを尋ね、こちらのあり方を振り返る参考にしようとする調査はなかった。そうだ、相手が求めているものを尋ねてみよう、とアンケート調査に面接を併用した研究を試行した。これを「何だか、発想がラディカルだ」と評されて驚いたことを覚えている。

発達障害児を育てているお母さん方と、難しかった相談歴や治療歴をかなり長く経て今は自分らしい生き方を見出している青年期の人々に、「望ましい心理的援助者」について尋ねてみた。この結果はすでに活字になっているが（村瀬、一九九八）、経験的に考えられる内容とそれらはおおむね一致するものでありながらも、中にはハッとさせられる答えがあった。

例えば、発達障害児を育てていらっしゃるお母さんたちに「療育の援助者の経験年数」について尋ねた項目で、多かったのが「セラピストとして五～十年くらいの経験の人が一番よい」と答えた人が多かったことである。理由は「ベテランはなるほど熟達している。でも時にそれに安住してマンネリであったり、一方的に指示がましかったりする。経験五年くらいになると、基本的に理論や技法はわかっていて安心、しかも観察力が的確になってきて、問題意識や研究心が盛んである。ベテランの中には、自分の現状に満足した人が見られるのとは違う」と理由が付されていたりしたのには、はっと考えさせられた。

「自分には○○に見えて、××に思われるけれど、自分とは全く違う人に対するとき、あるいは違う場面で、このクライエントはどのように振る舞うのであろうか」とちょっと自分の視点を相対化して考えてみることは、理解を深めたり、思考の偏りを正してくれる。焦点をきちんと合わせるとともに、でも、その周り全体を視野にさりげなくおさめて、いわゆる視野狭窄に陥らないようにしたい。

あるとき、思春期の華々しい行動化で本人自身も苦しみ、周囲も困惑の渦に巻き込んでいた少年が、私の手元の面接記録を敏捷にさっとひったくるように抱え廊下に走り出て、食い入るように読み始めた。そこには本人にとって心地よいことが列挙して記されているはずもない。無理に取り戻すことはやめて、読むのに任せた。

息をのむようにしてその記録を読み終えた彼は、「苦いことも書いてあるけど、うんと小さなことでも良いことに気づいて書いてある。うーん、まあな……」と、真面目な表情で記録を返してくれた。

事実は事実として正直に受けとめ、共有できるような相手との関係を作れるか、それは今も大きな課題である。

〈文献〉
・村瀬嘉代子「クライエントからみた心理療法」、『心理療法のかんどころ――心傷ついた人々の傍らにあって』金剛出版、一九九八年

受け継がれるものと変容するもの

一般的に言って多くの場合、人間は自分といろいろの面で共通点のある人と共にいると安心する。感じ方、考え方、振る舞い方が自分と共通要素を持つ人々と接しているときは摩擦も少なく、そういう相手とやりとりしていると自然に自分自身が肯定されているような安堵感が生じやすいからであろう。同類、同質ということは、異質な要素を受け入れていくより、生きていくうえで容易であるとも考えられる。一見、自分になじみが乏しいように思われるものをどう受けとめるか、それ自体が「自分の力の程《ほど》」を問われているとも言えよう。

いじめや差別が生じてくる要因の一つに、異質なものに対する反発というメンタリティがある。しかし一方、人が社会化し、個人として成長変容するという過程において、異質なものに出会い、それをどう受けとめて、受け入れていくかということは、大切な課題である。また、人類社会が進歩してきたのも少しずつ異質な新たな要素を受け入れ同化してきたという営みによるところが大きい。時代の推移の中で、容易に変えてはならない本質的に大切なことと、時代の必然や状況への順応のために変容するもの、これをどう捉え考えていくかということは、いつの時代にあっても問われている。

「今の若い人は……」とか、「今の子どもは……」といったフレーズで始まる大人から若い世代に対するコメントを聴いていると、どうも苦言のほうが多いように思われる。いわく、国語力が乏しい、自己中心的で、人の気持ちや立場を汲んで理解する力が弱く、それでいて傷つきやすい、受け身的で決められたことはきちんとやるがそれ以上のことには挑戦しようとしないなどなど……。確かに若い人の行動の様相を見ていると、こういう苦言はなるほどと頷ける節もある。

しかし、私がこれまで心理臨床を通して出会ってきた、さまざまな生きにくさを抱え、世界への不信でいっぱい、前述のような行動特性を色濃く示していた児童・青年期の人たちは、紆余曲折を経て、自分を再発見したり、育ち直りを遂げていくと、人としての美質はしっかり持っていることを示してくれた。自分の持てる素質を応分に発揮して、自分の居場所を見出したい、そして他者と分かち合い、認め合っていきたい、という願いがこころの底に息づいているのである。ただ、この息づいているものに出会うには、ただの表面的な言葉だけというわけにはいかず、「時」とその個人のその折々に即応した援助の仕方の工夫が求められはするけれど……。

さらに、視点を少し変えてみると、若い人たちは、年配者にはない、なかなかの長所を持っている。パソコンを駆使して必要な情報を集めるアクセス力などは、素早く要点を捉えていて感嘆することが多い。概して軽やかで屈託なく、あまり物怖じしない。

ことばを大切にすることは、人を大切にすることにも通底しており、わかりやすく、正確で、礼を失しない表現を心がけたいが、国語も時代の推移につれて、少しずつ変わっていくという面もある。

世代の違いは多少の異質感を伴うものなのではあるまいか。これは人類の歴史で繰り返されてきたことでもあるのだ。

*

先日、小学生に対し、社会でその道のエキスパートとなった卒業生が特別授業をする「ようこそ先輩」というテレビ番組をたまたま見た。生徒たちに自分の祖父母に第二次大戦中の体験を聴いてきて、それを報告し、感想を語らせる、という宿題が課せられていた。

特別に選ばれたわけではない公立学校の生徒たちが対象である。自分たちの戦時の生活の様子、そこで考えたことを語るお年寄りも、市井の方々である。だが、表現の巧拙を超えて、経験を元に真剣に語られる「戦争体験と生きるということ」についての想いは、子どもたちに深く響いたようであった。祖父母から聴きとってきた語りの内容を報告し、感想を述べる子どもたちも、真摯に自分自身の身体をくぐった言葉で話しているのが印象的であった。

時代を超えて、人が生きるうえで大切にすべきことがどういうことかについて気づいた、これをこれからの自分の生き方に反映させたい、いやさせるのだ、という静かな覚悟が子どもたちの言葉や表情ににじみ出ていた。具象に裏付けられた抽象、経験と裏打ちし合った誠実な思索の内容、しかもそれが人の生の基盤として大切なものは、世代を超えて伝わるのだ。

書くこと・話すこと

小さいときから、人前で目立つことは恥ずかしいのを通り越して恐ろしかった。だから中学時代、音楽部の演奏旅行であちこちの小・中学校を訪れるとき、ピアノのレッスンの進度順に上から独奏者が選ばれるときも、私は楽譜運搬や会場の諸々の調整役を買ってでて、独奏は辞退し、顧問の先生から不思議がられた。また、学級で生徒が自主的に劇を上演するときなど、すすんで裏方を務めた。まだわが国の経済は復興の緒についたばかりで物資が不足しており、劇の登場人物の衣装を揃えるにはなかなか工夫がいった。でも、このようなとき、私は自分の才覚が発揮できるようで楽しかった。王妃のドレスは配給の人絹に残り切れのビロードをうまく接ぎ合わせ、かき集めた余りボタンやビーズを刺繍すると、遠目にはなかなかに華麗に見えた。なかでもいろいろな木の実を彩りよくたこ糸に通して作ったネックレスやティアラにラッカーを塗ると、照明に映えて、豪華、優美ですらあった（と私の自己満足）。舞台に立つ級友から、たいした材料もないのにうまく形をつけるね、と言われて素直に嬉しかったのである。

そういう次第で、後日同窓会などで「画家になって、ひっそり絵を描く人になるのかと思っていたら、人前で講義するの、へぇー」と驚かれもしたものである。

だが、今日に至っても、書くこと・話すことは本当に難しい。例えば専門領域のことについて文章を書いているとき、こうも言えるけど、でも例外も少なくない、偏った断定になっていないだろうか？　全体情況と、ここで詳述しようとしている部分的テーマとは、どうつながるのだっけ？　こんなことを書いても当たり前、陳腐だ！　などなど、頭の片隅から絶えずもう一人の自分が疑問を発している。一方、たとえささやかなことであっても、これは自分の中で思考を重ねた本当に自分の言葉として語れることに熟成した内容であろうか、と考えるとそこでまた立ち止まってしまう。

それに、書くことや話すことには当然ながら責任が伴う。「お話を聴いて、先生のように仕事をするにはどういうことを大切にすればよいか考え始めました……」あるいは、「自分のやってきたことに自信が持てた。明日から仕事をする元気が出ました……」という類の感想を送ってくださる場合は、まぁそうだったか、と少しほっとする。

＊

一方、言葉がその人のこころの深いところに触れることがある。精神障害者の家族の方々を主に対象とした会でお話ししたあと、会の世話役の方々が感慨深げに「一つ屋根の下に暮らしていて、お互いにほとんど口をきかず、気持ちを閉ざし合っていた母娘が今夜、会場へは別々にやって来たのに、帰り道、講演の感想を語り合いながら凍てつく雪道を互いの足下を気遣いながら帰っていかれました。不思議です」と言われたりする。また、楽屋口に待っておられた方が「自分も辛い虐待を受けて育ってきた。今、人を助ける仕事についていて、気持ちは一生懸命なのに、なにかうまくいかない、行き詰まってしまう場合がある。それが何故だか少しわかったように思う。そして、自分自身がこの世に居てもいいのだ、と今日は思うことができた……」、思いつめたようなお母さんが近づかれ「子どもの病気を認めずに頑張らせ、悪循環がひどくなっていることに、やっと気づきました……」など、落涙されたりしたこともある。

こういう方々の抱えておられる課題の重さ。素直にそれに自らの力で対応しようとされはじめたことへの敬意。でも、ことは今後もそれほど容易ではないかもしれない……。何か一言で名状しがたい気持ちになる。表現することの責任、それは自分自身の在り方と、書くこと・話すことが裏打ちし合っているか、乖離していないか、自らひそかに自問しつつ生きることが求められていると思う。

紆余曲折の育ちの道が実りへと至るために
――養育過程の振り返りとよき展開を求める

心理的に支援を行うに際しては、次のような視点から支援の内容を検討しながら進めることが必須である。

①被支援者はどのような人か、生きるうえで何が問題になっているか（生物学的・心理的・社会的視点から）という総合的視点に基づく理解。
②支援にはどういう方法が適切か。どのようにかかわればよいのか。
③支援を行う人としての特質（人間性と専門性の熟達度）。
④被支援者は、受けてきた支援をどう受けとっているか。

この四つの視点はいずれも劣らず大切であるが、これまで①②については重点を置いて検討されてきたものの、③④とりわけ④の視点から支援や養育を検討することは、少々取り残されてきた感があった。

実は、支援が効果的であるかを検討するうえで、支援者の立場からの視点だけで支援の効果を考えることは十分ではない。よかれと考えて適用した方法が、被支援者には受けとめられ、支えられ、よりよい成長の道へ誘われているとは受けとられずにいて、せっかく善意で精魂込めて支援に勤《いそ》しんでいるつもりなのに、その思いや願いは被支援者に誤解されたり、よかれと思って選択された支援方法が、実は被支援者のその時のニーズに合っていなかったりという、すれ違いが生じている場合がある。

多くの子どもたちに接してきて、素質的には大きな違いは無く見えるのに、出会う人やことと良いつながりができ、生活空間や生活経験の拡がりはもちろん、それらに伴って、知的・情緒的・生活スキル的に生きる総合力の同心円が広がっていくように社会的ならびに知的情緒的な発達が円滑に進んでいく人と、差し伸べられる好意をすんなり受けとれず、意欲が続かず、努力すれば伸びる素質を停滞させ、自信がなかなか持てずに人とのつながりが自然に良い循環を生み出していくという運びになりにくい人とがある。

前者は、大まかな表現だが、基本的信頼感が持てていて、この世は生きるに値する、自分は生まれてきてよかったと意識的・無意識的に信じることができており、他方、後者は基本的な信頼感が揺らいでいる場合が多い（ただし、かつては早期の信頼感形成の課題が損なわれると、その後の人の成長には大きな陰りが生じるといわれたが、小さな潜在可能性を見落とさないような気づきに基づく見立てをもとに、その可能性を個別的に丁寧に多面的に息長く伸ばそうとする支援によって、人のこころの回復成長の可能性はあるといえよう)。

「レジリエンス」という概念が近年注目されている。復元力、回復力、困難にもかかわらず、しなやかに適応し生き延びる力といわれ、とりわけ対人支援の領域にとっては、大切な視点である。ただ前記の邦訳語は、それはなにか固定した要因であるかのごとき印象を与えるが、肝要なのはレジリエンスとは関係の中で立ち現れ、成長変容し得るものだということであり、子どもの環境を整えることによって現れ、困難な状況にある子どもを回復へといざなう。したがって、子どもたちの環境を整えることがまず必須なのである。環境を整えるとは具体的にはどうしたらかよいか。子どもたち一人ひとりに対して個別的視点を持ち、まずは子どもの気持ちを受けとめ、その生きる力を信じ、熟慮し、そして大人も自分の人間性を磨く不断の努力が必須である。こういう営みを日々の生活の中に繰り返し継続していくという一見地味で根気のいる行為こそが、人の心を癒やし、生きる希望をもたらし、子どもたちにあらまほしき大人のモデル像を与え、ひいては人の命をつないでいくことを可能にするのであろう。

子どもにとっての別れの悲しみを支える

人の一生は出会いと別れを繰り返し重ねていく過程である。そもそも人がこの世に生まれ出るということは大きな別れの体験である。哺乳類の中で、低次の種であっても組織が複雑に進化した種は、出生後、親と相似の体型と十分な感覚、運動能力を備えていて、高い自立性を示す。ぬれぬれとした瞳の、生まれて間もない子馬がよろよろと立ち上がったかと思うと、覚束ないながら歩こうとする。もちろん、その後も母馬の果たす役割は大きいけれど……。

人は最高次に進化した種でありながら、生存するには全く無防備、いろいろな能力は低いまま生まれてくる。感覚や運動能力は未熟で、体型も親とは異なっている。もう成人している大人にとっては定かには思い出せない経験であるが、護られた母の胎内からこの世に現れ出てくるということは途方もない環境の激変であり、二人で一人の世界からまさしく一人の人として存在することを始めるのだ。この激変を耐えて、「生まれてきてよかった、この世は生きるに値する」という基本的信頼感を意識的無意識的に嬰児が抱けるのは、怖れや悲しみ、不安を抱く嬰児を、無条件にそのままこよなく愛おしいと慈しみ、嬰児のニーズを無償の気持ちで、細やかに満たそうとする母親、もしくはそれに代わる養育者の存在があるからである。
人生のはじめの段階での基本的信頼感、言い換えれば自分自身やこの世を基本的に受け入れているという、暗黙の感覚を確かに抱くことがどれくらいできているか、無条件に自分の存在をよしと受けとめられたことがあるか、この体験こそがその後の過程で、さまざまな形と程度で遭遇する別れの悲しみや苦しみを受けとめ、耐え、そして超えていく、という営みを基底で支えるのだ。

別れは、それぞれに固有の悲しみをもたらす

「幸福な家庭は一様に幸せであるが不幸な家庭はそれぞれに不幸である」とは文豪トルストイの言葉であるが、別れもまさにそれぞれが個別のものである。ありきたりの慰めやアドバイスをするのではなく、子どもの悲しみにひたすら寄り添う、既成の常套句を話すよりも、そのとき、その場でその子の傍らにあって、その子の悲しみを可能な限り想像して身を添わせる心持ちになったとき、おのずと現れる言葉で話しかけることが基本であろう。時に言葉を失って立ち尽くしながらそっとその子の肩を抱き寄せることもあろう。瞳に深い想いを込めて、じっと相手の目を見つめることもあろう。子どもはたいてい、優しい人かそうでないか、人の苦しみや悲しみがわかる人であるかどうかを識別する。言葉や振る舞いが大切なのは言うまでもないが、しかし、基本は人としての存在

のあり方が伝わるのだ。子どもにひとりぼっちの想いをさせない、悲しい君のそばに非力ながらも私は寄り添いたい、という気持ちが純粋に湧き起こってくるか、それが慰めの元であろう。

ひと言に別れといっても、それがもたらす悲嘆には微妙に個別的なニュアンスが伴う。死別による別れと、親の離婚などによる離別、家出、失踪など。また死別の中でも、親の病についてその子どもの理解力に応じて説明をきかされ、別れの心づもりをしていた別れ、事故などがもたらす突然の別れなど。親の離婚や失踪について、あからさまに口にしないが、子どもは「自分がよい子でなかったから、親を引き留められなかった」「自分に可愛がられるに足る魅力がなかったから、親は自分をおいていってしまったのだ」というように、悲しみに加えて罪悪感や自信喪失という深い陰りを抱いていることもしばしばある。いわれなく子どもがそういう気持ちで苦しんでいる場合には、それはその子の責任ではないとはっきり告げて少しでも安心をおくらねばならない。

こころに届く言葉と態度

別れを体験した子どもの悲しみを支えるには、マニュアル式の一様の方法はなじまないと思われる。まず、その子どもが自分や世界をどれくらい受け入れているか、基本的な自信と安心感をいだいているか、その子どもの知的・情緒的両側面での理解力、認識の仕方やそれに伴う物事へ対処する力はどれくらいなのか、さらにその別れというのはどういう性質のもので、どんな状況で生じたのか、そういう別れを体験したその子を支える人や環境はどうなのか、などという、その子どもとその別れにまつわるさまざまな要因や背景を考え、その子どもの気持ちに本当に添うようなかかわりをすることが望ましい。

いわゆる一般的な言説を述べて励まし、慰めているつもりでいても、必ずしもその子どものこころに届かなかったり、かえって押しつけがましく励まされた、というような気持ちにさせてしまうこともあり得る。

子どもに言葉をかけたり、何か働きかけをする際に、大人はまず自らに問うてみることが要るかもしれない。「元気を出して」「ほら、強いよい子でしょ」などという言葉を一見、相手のためにロにしているようでいて、実は相手がそうなってくれたら自分の気持ちが楽になる、という主体を密かに自分に置いていることに気づかずに、励ましたり、慰めたりしていないかを。その子どもに身を添わせる心持ちで、その子の気持ちや生活の様子を想像し、現在のその子のあり様をそのまま必然として受けとめ、見守る他者に出会うとき、子どもは安心して悲しみを表し、泣くこともできるようになろう。そしてさらに、もう希望は持てない、人を大切に思っても、また失い、別れが来るかもしれないからと密かに感じ始めていたこころに、再び生きて人を愛することへの希望が湧いてくるのであろう。

悲しみを抱えつつもよく生きるということ

これまで臨床場面で出会ってきた子どもたちの中には、別れの悲しみや苦しさを支える人によいかたちで出会えず、中にはその上にさらに手ひどい痛手を受けて傷つき、行動上の問題をいろいろ現すようになったり、さまざまな症状を現さざるを得なくなったという例が少なくなかった。状態を適切に捉え、日常生活を通しての支えのほかに、心理療法、時には医療につなぐ、という判断も大切である。

一方、かつて、がんに罹患した患者が怒りや苦悩の過程を経て自分の病と状態を受け入れるに至るという段階をキューブラー・ロス（二〇〇一）が提唱したが、これに類した「喪の作業」の段階を説く説もある。だが、人が大切な人との別れを受けとめていく過程は、まさしくその人個人の道のりである。もちろん、悲しみに打ちひしがれ生活も滞ったり、病理的状態に陥ることは防がねばならず、それゆえ適切な支えは必要であるが、その際、悲しみを超えた境地に至り、安定する、と単純に考えることではないであろう。痛手を超えて生きる希望を抱きながら、折に触れて来しかたの別れを想いだし、痛みを伴う追慕に駆られることもあろう。悲しみは超えて消し去るべきと考えるより、時を経てふと立ち止まり、悲しみを味わい直すことを通して、人はより確かに他者の気持ちがくみ取れるようになったり、物事の意味を広く深く理解できるようにもなるのだ。

人に寄り添い考え、振る舞うことができる大人との出会い、さらにそういう大人の存在がまわりへ影響を及ぼし、子ども同士でも自然に支え合う、そういう精神風土が広く醸成されることが望ましい。個人的経験で恐縮ではあるが、私の育児経験でのあるエピソードをご紹介しよう。

級友の悲しみを支えた三歳児のクラスメートたち

息子が公立保育園の三歳児クラスに在籍していたときのこと。担任の控えめで考え深そうなA先生がふと話しかけられた。

「私が三十五歳のとき、サラリーマンだった夫が心臓発作で突然亡くなりました。私は一人娘を育てながら短大に入り、保育士の資格を取得し、就職して二年目です。ピアノは上手に弾けないし、若い先生のように運動もうまくありません。こういう担任に受けもたれて、子どもたちに申し訳ないと考え抜いた結果、子どもにとって言葉の発達はすべてのことの基礎であり、大事。自分は言葉を大切に、話しかけるとき自分の言葉に留意する、子どもの言葉を聴くことを大切にする、子どもが言葉を大切にしながら考えるようになる、これを重点的に考えて保育しようと思い立ちました。足らないところの多い保育士で申し訳なく思っています。ただ、貴女は黙っていらっしゃるが、ふとご専門を知って私事をお話しして……」

A先生のピアノ伴奏はちょっと不協和音が入っていたり、歌われる音程も高音はお苦しそうだった。だが、私はかねてからA先生は平易で美しい日本語を話されると密かに感心していた。さらに、A先生の内心のご決意をうかがって信頼と尊敬の気持ちが強まったのであった。

息子と同じクラスのBちゃんはすべてに抜きんでていた。二桁の加減ができて、貼り出されている絵はこれが三歳児かと驚嘆するほど上手。口舌も達者……。だがあるときからBちゃんの様子が変わりだした。クラスの子どもたちへの暴力、物壊し、反面、先生にはまとわりついて、お話の時間などは先生のお膝に乗らないと聞けない……。ことにいじめられるのが、ぼーっとしている息子と愛くるしく皆の人気を集めていたC子ちゃんのようであった。Bちゃんの送り迎えはいつもお父さん一人がされるようになっていた。お父さんは顔を背け、父兄には挨拶をされない……。

ある夕刻、息子のお迎えに行くと、A先生は沈痛な面持ちで詫びられた。

「お昼寝の着替えのとき、息子さんのお尻にBちゃんが噛みついて、虫歯でとがっているので、深く肉に窪みができるほどのあとがつきました。外科へとも思いましたが、すぐ消毒し園で処置しました。座るのが辛いようでお詫びの言葉もございません。もともとBちゃんの変わりようの激しさについてお父さんにご相談しようと考えていたところです。すぐお呼びし、謝っていただきます」

一瞬、私は考えてから答えた。「おそらくBちゃんのお父さんは私に詫びの言葉はおっしゃるでしょう。でも帰宅して、昨今のお父さんのご様子だと、Bちゃんにはただ厳しく当たり散らすように叱る、そしてBちゃんはさらに粗暴になる。それより、少し待ちたいと思います。その時がいつかははっきり申せませんが、いつかそういう状況が来るように思います。先生もこれから気をつけてくださることと思いますし、子ども同士の少々辛い経験も息子のように一人っ子でぼーっとしている子どもには経験の一つかもしれません。家庭でそっと補うようにします。少し待ちましょう」

A先生は驚き、ほっとした面持ちで「ご理解くださいまして……、私もさらに細やかに子どもたちに接します」と言われた。

数日後、のんびり屋の息子は夕食の食卓でそれまでにない考え深い表情でぽつりぽつりと話した。「Bちゃんが乱暴で意地悪でひどいので、給食のあとのお話し合いの時間にみんなが『Bちゃん、もう一緒にいるのイヤ、明日から保育園に来ないで』って……。そしたらBちゃん、急に静かになって、『だって、ボクのお母さん、どこかへ行っちゃったんだもの……』と叫んで大泣きしたの……。みんなびっくりして、お母さんがいなくなるってどういうことだろって、お話ししたの……。先生も一緒に……。お母さんは抱っこしてくれる、いい子ねって褒めてくれる、赤ちゃんの世話をする、ご飯作ってくれる、風邪引いたとき額を冷やしてくれる、お洗濯してくれる、ご本読んでくれる……、もういっぱいいっぱいしてくれることがあることわかったの。それで、そんなお母さんがどこへ行ったかいなくなって、どうしたかなにもわからないなんて大変だってことがわかったの……。そこで、みんなでBちゃんが暴れるのも仕方ないなってわかった、先生のお膝を独り占めしようとするのもひどくイヤだったけれど仕方がないなって、思う。先生のお膝に乗ってもよいよ、と言ったの。Bちゃんはワーッてまた泣いたの。でもその後は何でも蹴りまくるのを止めた……。Bちゃん、ずーっと大変だったんだよ。ねえ、お母さんって、いなくなったらホント大変、そして悲しいってみんなで話し合ってわかったの……。Bちゃん、大変なのだね……」

私は言葉なく、しばらく息子の目を見つめてうなずいていた。三歳の、それも特別に選ばれた集団ではない普通の子どもたちがこのように気づき、しかも苦境にあるBちゃんを思いやるとは……。子どもたちの内に潜在していた分かち合い、認め合う、そして思いやりがこのように現れ、それがまたBちゃんに伝わったということに深く感動した。

翌日夕刻、息子を迎えに行った私にA先生は輝くような表情で話された。

「これまでもそう考えてきましたが、今回、子どもたちのもつ可能性に改めて気づかされ、感動しました。私が子どもたちのお話し合いの時間にその場にそっと加わっていたら、私が説き聞かせるというのではなく、子どもたちが話し合い、気づいて、そして納得して、Bちゃんの淋しさ、悲しさを思いやり慰めたのでした。そして待つことも大切だと改めて思いました」

こういう展開が子どもたちの間で生じたのは、平素の保育を通して、先生が子どもたちの言葉を大切にして、よく聴いてこられたこと、そして、考えることの意味や大切さを伝えてこられた成果だと深く感服している、と私は伝えた。A先生は恐縮されながら言葉を継がれた。今朝、Bちゃんの父親が早くに来園し、以下のように語ったということであった。

「不実を働いて家出し、行方不明となったBの母親への怒りで、いつもBに辛く当たり散らしていた。Bが保育園で迷惑をかけていることに気づいていたが、プライドが邪魔して、気づかぬふりをしていた。いつしか周囲の人々に挨拶もしなくなっていた。だが、昨日の出来事をBから聞かされ、自分も素直に謝り、これから少しずつでもBと二人の生活を明るく健康なものにしていきたい。折に触れて必要なときには相談させてください」

先生の膝を独占しようとしていたBちゃんは、次第に穏やかになり、「先生のお膝に座る順番を決めよう」など提案し、一五人の三歳児クラスの精神風土はいちだんとお互い仲良く、そしてつながりの確かなものへとなっていったようである。

＊

このエピソードは事実である。言葉を大切にする、真摯に子どもたちの言葉に聴きいってくださる、子どもであっても人として相対して大切に遇する、という先生の元で、この三歳児クラスの子どもたちは、それぞれが自分は認められているという自信と、他方、友だち、ひいては人を信じ受けとめていこうという姿勢が、各自の内面に育ち息づいているという素地が育成されつつあったのだと思われる。そして、考える、話し合って感情や思考を深めていこうということの大切さを子どもたちなりに会得していたのであった。これは豊かな精神風土である。人の痛みや苦しみを支えるという営みは、いきなり技法に頼るということではなく、こういう人を人として相互に認め合い、大切に思うそういう土壌が基盤として必要だと思われる。個人としての自己実現への志向性と分かち合い、共存し、認め、支え合う営みを大切にする、この両者をバランス感覚をもって両立させていきたい。

なぜにこのように一人の人にと、諸々の負荷が加わった別れを経験させられた子どもを前にして、誰もその生を代わることもできず、思いあぐねることもしばしばある。だが、自分のあり方を顧みて、その子の内に潜む可能性にそっと思いを巡らし、その子に身を添わせようとする人に出会うとき、その孤独の痛みの世界に何か微光がさすのではないだろうか。ふと、doing ばかりでなく being の大切さを思う。

〈文献〉

・E・キューブラー・ロス（鈴木晶訳）『死ぬ瞬間』中公文庫、二〇〇一年
・マーゴット・サンダーランド（ニッキー・アームストロング絵、関口進一郎監訳、安本智子訳）『大切なものを失った子どものために』誠信書房、二〇一一年（参考図書）

人の真価とは——高齢者施設でのこと

定期的に高齢者の施設へ伺っていた。「こころ安んじないと訴えたり、激しい興奮、薬物服用のみでは収まらない様々な行動上の問題がある方のお話を聴いてほしい」と依頼されてのことである。「聴く」「素直に受けとる」という営みの持つ意味や、どうしたらよい聴き手でありうるかについて、改めていろいろ考えさせられている。

認知症と言われる人はすべてそうだ、などとことを単純化して、都合のよいことだけを語ろうとする気は全くないが、それでも、施設の職員の方から「この方はほとんどものがわからない状態なのですが……」「聞こえが相当悪くなっているので、大声で話してあげてください」「気力なく、ぼーっとされているのです……」などと状態を説明される方々が、部分的にせよ、ご自身にとって大切なことを、一人内心で反芻しながら想い出し、考えを巡らせていらっしゃることが屡々である。

そして、そういう一人で思い巡らしておられたことを、仮に部分的切片であっても、大切に聴き、受けとろうとする相手に出会うことによって、自分の考えを深められたり、一面的に思いこんでおられたことを少し角度を変えて眺められ、考えが広がり、気分的に落ち着かれることが多い。聴き手、受けとり手を得ると、それまでの外見からは予想されなかったような内面に密かに息づいていた感情やあれこれの思惟が言葉となって語られる場合がある。

「内なる人」との対話

近年、高齢者への心理的援助として、回想法やききがたり法などが注目され、多く実施されるようになっている。ただ、私はできるだけそれぞれの入所者の方のペースや意向に沿うことを第一にし、お会いして挨拶した後は、それぞれの方の語りたいことをまず大切に受けとめるようにしている。体調を崩し、急に気弱になっておられる方はそっと手を握っていることを求められたり、肩をさすって差し上げるとこころなしか気持ちのゆとりを取り戻されるという具合である。

想い出として多く語られるのは、ご自身の親についてで、それもお母さんの想い出が頻度、量、内容の豊かさ等からして、一番である。次は、仕事についてやり甲斐や意味を感じられた点、さらにはご家族や子ども時代のあれこれであろうか。はじめはただ過去を想い出して、懐かしんで、時には自分の苦労、当時の悲しさ、不当な対応を受けた怒り、などなど、思いつくままに語られるということから始まる場合が多い。そして、聴き手が静かに語られることをそのまま大切に受けとる心持ちで聴いていると、想い出したことについて、いろいろ考えを巡らされ、「今、思うとあれは

○○だったのですね」とか「母は○○と思っていたのだと、今思います」などと自身の経験事実について、より深く、場合によっては誤解を解いたり、新たな意味を見出して気分をよくされることがしばしばある。このように、過去を想起し、そこに登場する人々とあたかも交流するような心持ちで思い巡らされると、どなたも安らいだ様子になられ、その日の冒頭では「もう生きているのがいや……」「空しい……」などと話し始められた方が「今度はいつ会えますか」「楽しみにしています」などと別れ際におっしゃるようになる。

対象は変わるが、カウンセリングでお会いしているクライエントの方がかなり回復される頃になって、「ふと判断に困ったとき、あるいは気持ちにゆとりがなくなったとき、村瀬先生ならこんなとき、どうされるのだろう？　と考えると、自分の中で気分が落ち着き、おのずと考えがまとまって答えが出てくるのです」と話される場合がある（これはこのクライエントの方自身が自分で対処しようという気力が生じ、自分で考えようとされ始めているということであって、私の考え方を直接取り入れよう、知ろう、というものではない）。

また、久しぶりに出会った卒業生に「先生、もう十年ぶりぐらいでしょうか。でも、仕事をしていて迷ったときなど、先生ならどうされるのだろう、どう考えられるのであろう、と先生の考え方を思い起こしています。そう、それはしばしばです。だから先生にはお久しぶりという感覚はなく、いつもお会いして、対話しているという感覚です」と挨拶され、一瞬おやっと思うことがある。

振り返ると、私自身、自問するとき、誰かを思い浮かべながら考えを巡らしている場合があることに気づく。そういう内なる誰かと対話するような心持ちで考えているときは、何かすこしゆとりが持てている場合のようである。この内なる人は、親やいわゆる先生と呼ばれる人ばかりではない。ふとした機会に出会う市井の普通の人の言葉に、はっと気づかされたことが思い浮かぶこともある。被虐待経験を受けてきて、不信感でいっぱいという子どもと話していると、そういう「内なる人」を持っていなくて、ぽつんと孤独である場合が多い。ともあれ、人と人との出会いが「内なる人」を見つける契機に役立つとよいなぁ、と思う。

人を人として遇するには

高齢者の臨床に関する専門書には、老いることが不安である原因の一つに「喪失」が挙げられている。配偶者との別れ、退職、社会的地位や役割の喪失、経済的生産性の縮小、体力の衰退、等々。なるほど、年配の方からいただくお手紙の中には、社会的地位や役割を離れたことを惜しむ言葉も時にはある。ライフサイクルのそれぞれのステージで、そのとき、そのときの課題を分相応に果たして、気負うこともなく、そして感謝は忘れないにしても卑屈になることなく生きたいものだと思う。

そもそも人生には春夏秋冬があるのであり、その時々を大切に自分らしく生きることに意味があるので、地位や経済力の多寡は必ずしも人間の本質的要因とは言えないのではなかろうか。

聴覚障害者の施設で時々お会いしているHさんは、聴覚障害のうえに視覚障害を併せもたれ、さらにご高齢になられた。考え始めれば際限なく生きにくさを感じられることもあろうと思われる。一時は役立たない自分だと自らを責められ、希死念慮にとりつかれておられたが、やがて前向きの気持ちになられ、見えない手元で、定規をあてて、ミシンの直線縫いを正確にこなされるようになり、作業時間には布巾やぞうきんを作っておられる。

たまに、手を引いて戸外の散歩にお誘いすると、「見えないし、聞こえないけど、でも私はこうして手を引いてもらえば自分の足で歩ける、足は丈夫、そう考えれば幸せ……」と言われる。あるとき、「たくさんの人手を借りて、世話になって生きている自分だけれど、何もできないのではなく、たくさんたくさん感謝することができることに気がついた。そう思ったら自分が生きていることが肯定できた」と晴れやかに語られたことがある。そのとき、私はおもわず黙って、つないでいたHさんの手を押し戴いていた。

そして、ホイヴェルス神父の友人の「最上のわざ」（一九六九）という詩をすっと思い出したのである。

「最上のわざ」

（前を略）

神は最後にいちばんよい仕事を残してくださる。それは祈りだ――。
手は何もできない。けれども最後まで合掌できる。
愛するすべての人のうえに、神の恵みを求めるために――。
すべてをなし終えたら、臨終の床に神の声をきくだろう。
「来よ、わが友よ、われなんじを見捨てじ」と――。

Hさんの感謝。目に見える生産的活動はできなくなっても、自分の我を去って、他者のために祈ること……。

人が人であること、その価値とは容易に一言では尽くせない。この問いをもう六十年以上前に抱いた情景がふと思い出された。

小学校入学一年前のある日、そんなことは後にも先にもそれ一回きりであったと思うが、父親の勤め先へ伴われた。何かの記念日で大勢の職員の方々の様子は華やいだ印象を受けた。いろいろ気遣われ、大事にされて声をかけられるのが恥ずかしく（今もそうであるが、子どもの頃はそれはそれは、はにかみやであった）、私は人目のないほうへとそっと逃れて用務員さんの部屋へ入った。

そこに大人の姿はなく、用務員さんの息子さんが新聞のチラシの裏に夢中で絵を描いていた。精巧緻密な電車が描かれていた。しかも何か勢いというか覇気のある絵であった。私は驚き感嘆した。彼が「いくつ？」と。「五歳なの」「同い年だ」。〃へぇー、すごい、私も絵は好きだけど、この子の絵は素晴らしい、それに絵ばかりでなく利発そうだ〃。私は声には出さないが独りごち、その子に敬意に似た気持ちを抱いた。

やがて、記念写真を撮ることになり、私は前列中央の父の隣に掛けるように皆さんから勧められた。振り返って後列を見回しても、あの絵を上手に描いていた少年の姿がない。「あの裏のほうのお部屋で絵を描いていた坊ちゃんは？」と、私はとっさに尋ねた。

「いいんですよ。あの子は用務員さんの子ですから」「？？」

納得いかなかったが、言葉がうまく出てこなかった。ここで子どもの私がこれ以上何か言うことは躊躇われた。その後も皆は私に何かと気遣いをされ、可愛がられた。でも、私の気持ちは浮かなかった。私は前列中央に座り、なぜ彼は呼ばれなかったの？　私が「父の子ども」であるという「父」を取るとどうなるのだろう？　何か重い問いに急に出会ったのであった。

＊

人の真価とは？　その時その時、自分の持てる力に応じて最善を尽くしその人らしく生きることが大切なのではないか。いわゆるこの世的尺度はもちろん必要ではある、でも、人の真価とは、ということを自問することも忘れたくない、と思う。

〈文献〉

・ヘルマン・ホイヴェルス（林幹雄編）「年をとるすべ」、『人生の秋に：ヘルマン・ホイヴェルス随想集』春秋社、一九六九年、三〇七―三一〇頁

想像力のちから――相互似顔絵法を創案して

触知できる事実、これはもちろん大切である。根拠の定かでない言説は往々にして、人の判断を間違わせたり、人のこころを傷つけたりすることがある。最近はエビデンス、アカウンタビリティということが事ごとに重要だと指摘される。物事の適切で的確な判断にこのことは不可欠であろう。

だが一方、いつも根拠、事実ばかりにこだわっていては、希望や物事が展開していく契機が生まれにくい、という一面がありはしないか。ちょっとした小さな点のような手がかりをもとに想像力を働かせることによって、ものやことへの理解の幅が広がり、深まることがある。

「この子はこんな言葉で、こうしか話さないけれど、経験不足でもの怖じしていて、うまく言葉にできないのではないだろうか」と、相手ののど元の皮一枚下の、言葉にならない思いに想像を巡らせる大人に出会うことによって、その子は「どうせ自分は……」と諦める気持ちから「思いきって話してみよう！」という一歩踏み出す気力が生まれるのではなかろうか。

まだ心身ともに成長途上にある子どもが何か物事にうまく対処できないときにも、いきなり評価的に対するのではなく、「ここで失敗から学んだら、次にこの子はそれをどう活かすだろうか」とちょっと未来を想像してみると、注意する側の大人にも気持ちのゆとりが生まれ、それはまた相手の子どもにも伝わる、というよい循環が生まれるであろう。

いささか辟易させられるような押しの強い、一方的な人に対応しているとき、イライラしないために、ちょっと想像を巡らしてゆとりを取り戻すことがある。「この方も赤ちゃんの時があったのだ、無邪気で可愛らしかったに違いない、どんな赤ちゃんだったかな？ 今はいろいろ功名心や焦りでゆとりが持てなくなっておられるのだ……。まあ、やむを得まい……」という具合である。

しかし一方、的外れな想像は害をもたらす。ありもしないことを疑ったり、相手の名誉を傷つけることもある。また、事に当たっての判断を狂わせることにもなる。だから想像力を働かせているときは、同時並行的に、もう一人の自分が「今、自分はこう思い巡らしているけれど、はたしてこの想像は妥当な方向へ展開しているのだろうか？」という吟味を常に行っていることが望まれる。

臨床心理の営みでは、事実を観察しそれに基づき考えることと、想像力を巡らせることを自然にコラボレートさせると、予期せぬ展開が開けることが少なくない。その一例。

一九九九（平成十一）年頃から、私は聴覚障害の他にさまざまな障害を併せ持つ方々のための、ある施設に求められて、心理的援助を模索的に行ってきた。障害が重複していて重篤であること、いろいろな事情で就学経験の全くない方、なかには自分の名前すら定かに承知していない方もあるという成人施設である。服薬効果もあまりみられないという、さまざまな精神的、行動上の問題を持つ人々に、少しでも平素の行動に改善がみられるようにと、なにか心理的援助をするように依頼され、私ははたと窮してしまった。ほとんどの人は筆談は無理、手話も習得していない（かくいう私の手話もいまだに片言……）、独自の身振りか、なかにはコミュニケートすることを拒んでいるかにみえる、という人も含まれていた。

成長する過程で、幼いときから聴覚の障害に加えて、いろいろ人間関係に恵まれてきた、とは言い難い方々である。しかも、そこの施設に行くといろいろ仕事が多く、一人の人に会う時間は限られている。どうしよう……、ふと考えた。普通恵まれた育ちをする子どもたちは、自分の作品を額に入れて飾られたり、教室に貼り出されたり、そういう経験を豊富に持っている。つまり賞揚されたり、大切にされた経験は数多あるはず……。それに比べ、私がかかわることを施設から求められている人々はそういう経験が少ないのではないだろうか。そうだ、一人三十分前後くらいしかないが、その時間、その人のために集中しよう、そして何か通い合う、コミュニケーションの手始めに相互に似顔絵をスケッチし、私は相手の似顔絵を額に入れてプレゼントしよう、と思いついた。

生きにくさを抱えておられる方々なので、リアルにスケッチすれば表情は重く曇ったり硬くなってしまう……。私は想像力を巡らして〝目前のこの人が微笑したら？〟〝この人の緊張が緩んだ感じの良い一瞬は？〟とそういう表情を想像して、しかもその人だとわかるようにスケッチした。

私の身振りとサンプルを示しての相互似顔絵スケッチをしようというインストラクションについて、はじめは作業の意味がのみ込めなかったり、硬い表情で動こうとされなかった人も、微笑した人物が自分を写したものだと気づくと、その人らしい描きようで、私をスケッチされた。どの人も、この短い時間を半ばから楽しんで、巧拙は抜きにして、描くことの歓びを味わわれたようであった。額入りの自分の似顔絵を大事そうに持ち帰られ、多くの方が居室に飾られた、と聞いている。来訪されたご家族が「息子を感じよく描いていただいて……」とおっしゃったりもした。

この営みが契機で、「対象物に注意を集中するようになった」「気分的に安定の萌しが生じた」「余暇の時間にチラシの裏に好きな絵を一人で描くことなど始めて感情の精彩が増した」などの変化が職員から報告されたり、この相互似顔絵スケッチの場面に付き添った職員の方から、「かかわり方によって（障害が）重いと思われている人でも変わるのですねえ……」などという感想をいただいた。

その人のよい表情を想像する、そのちょっとした想像の産物が、ささやかではあるがコミュニケーションの緒を生み出したのであった。質のよい想像力をもてるように、そして想像力を適切な方向に羽ばたかせたい、と思っている。

自律、その人らしく生きる

スイスのとある聴覚障害者のための施設を訪れたときのこと。チューリッヒから車で一時間あまり走ると樹々の生い茂る丘に抱かれるようにその施設、チューベンタールはある。

ヨーロッパの方々の内観面接をお手伝いする滞在の合間をぬっての、わずか一日の訪問であったが、所長のガンパー氏は「スイスを訪れる日本人は数知れないが、ここを訪ねた日本人は貴女が初めてだ」と温かく迎えてくださった。

林、畑地、広々とした芝地からなる広大な敷地の中心部に、中世の郷主の館であったという、今は本部オフィスとして内部は近代的に改装されている気品のある石造りの建物がある。そして、これを取り囲むように幾棟かの入所者の居住棟、工場などがほどよい配置で点在している。

入所者は六十人余、職員は非常勤勤務者を含むにしても九十人、ほかに美術、ダンス、パソコン、その他いろいろな活動のために外部からボランティアの専門家が大勢訪れている（わが国の現状とは大きな隔たりがある！）。入所者の多くはスイス人だが、ヨーロッパ各地、中近東、中国、フィリピン、ベトナム人と国際色豊かである。年齢は児童期から、九十歳代の方々と幅広く、障害の状態も聴覚障害に加えて大半の方が知的障害、小児麻痺などの身体障害を合わせもち、いろいろな意味で重篤な状態の方もおられた。

施設は、いわゆる「○○園」とか「○○所」ではなく、「ヴィレッジ（Village：村）」と名づけられ、入所者の選挙によって選ばれた村会議会（自治会に相当する）が職員の援助を得て、基本的運営を行っているのだという。ガンパー所長によれば、なるべく入所者が各自の力に相応して、人としての尊厳をもって自律的に生きていかれることを目的にしてのことだという。

ヴィレッジの居住部分は、学齢期や若い人々の棟、外部の事業所へ通勤して、生活は職員の援助の下に自炊している成人用の棟（これが資産家から寄付されたという歴史的記念建築物に指定されている十六世紀の風格ある建物。中は暮らしやすく改装されている……）、自分の時を大切に過ごすための高齢者の棟（八畳強の広さの個室。これでも絵を描く人などには狭い、と改築計画中とのことであった）がある。

花に彩られた中庭には小鳥が群れ、階段の踊り場の窓からの眺めは、畑を小型トラクターが走っていて、その背景に広葉樹の林が連なり、コバルトブルーの空に淡い白雲が流れていて、一枚の絵画のようである。ヴィレッジの中には、医療施設はもちろん、理容室、美容室もボランティアの協力で設置されている。スイスの社会保障制度は整っていて、入所者の個人負担は決して重いものではないようであった。

もちろん、問題がないわけではない。ガンパー氏によれば、スイス全土で人口約七〇〇万人のうち、聴覚障害者は八千人余であるが、州によって公用語がドイツ語、フランス語、イタリア語、さらにスイス独特のスイスジャーマンと、複数の言語が用いられることなどがあるため、手話は各州によってかなり異なる部分があること、標準手話を統一的に設けようという動きも出たが、各州が自分の州こそ標準だと譲らぬため、この小さな国で実現していないこと、一方、手術を受けて人工内耳を装着することについても、いろいろ議論があることなどなど……。

ガンパー氏やスタッフの話には、わが国にも共通する課題が含まれていた。

自分の生を楽しむ姿

こうした議論に立ち入ることはさておき、何よりも印象的であったのは、どの入所者も自分の生を享受しているということである。現実問題として、その不自由さは他者の想像の及ばないものであろうに、自分の生を受けとめ、楽しんでいるという様子、雰囲気がしみじみと自然に伝わってきたのである。入所者は人として遇され、自分の力を応分に発揮して暮らしていける状況が、物理的にも環境的にも相当整っているように見えた。

東南アジアからの難民で身寄りがなく、知的障害もあるという少女は、三センチくらいの小さな花の苗をビニールカップの中に丁寧に指で植え込んでいた。

「これがスイスの街並みを美しく彩る窓辺の花の元なのね」と言う私の感嘆の言葉が身振りと手話を交えて通訳されると、彼女はにっこりして手をさしのべた。土のついたその手との握手の感触にほっとする心地がした。

納屋では、ドイツから実習で二週間滞在していて、明日帰国するという専門学校の学生と聴覚障害をもつ入所者の少年が、農具の点検をしていた。仕事は丁寧に運びながら、時折、身振りでジョークを飛ばしていて、なかなかいい雰囲気であった。

工場へ案内された。工場は広い部屋に入所者の力量に応じて、さまざまな種類の作業ができるよう、実に多くの工作機械や作業台が用意されている。能率を考え、機械の速度に人間が合わせて働き、流れ作業の中に人が位置づけられる、という近代的生産工程とは逆の発想である。プレス機械も見るからに性能が高そうで、操作も習熟を要しそうなのから、実習用のような具合のものにいたるまで、いくつか種類があり、各自が自分の能力一杯の機械に向かって作業に取り組んでいるのであった。

四肢の麻痺があり、手のけいれんが激しく、そのうえ、ものを正視することすら容易でない少女がいたが、ナットを小箱の中に整理して納めていた。健常者の五倍から十倍近い時間を要しているが、焦らず、不随意に動いてしまう自分の身体をあたかもなだめるようにしながら、彼女は自分のペースでゆっくりナットを並べていた。一ダース並べ終えたとき、ガンパー所長のねぎらいに応えて笑う顔が誇りに満ちて美しかった。同様に、男性群が扱っている工作機械も、あたかもそこで働く人の能力に合わせて設置されていると思われるような具合であった。そこの工場には、日本のいくつかの上場企業が世界の著名企業にまじって下請け作業を発注していた。

人は誰しもその力に応じて応分に働き、社会的に意味ある存在であることを実感できることが、自尊心のためには極めて重要な要因であることを思えば、こういう生産効率をやや度外視した一種のワークシェアリングも大切なのではあるまいか。

表現制作の工房にも案内された。染色作品やいろいろな織物製品、木彫等々、こころを込めたオリジナリティある美しい品々にまじって、長さ六センチ余の小枝を直径四センチくらいのミニアチュアの薪の束にし、その中心部に細い小さいローソクを立てた、一見、素朴で飾りローソクの趣がある品に目が止まった。これは飾りだけでなく、真ん中のローソクを燃やし、暖炉の点火器として使うのだ、とガンパー所長は説明された。聴覚障害の上に知的障害のある八十七歳の男性入所者が毎日、林へ散歩に行き、枝を拾ってきて作っている、とのこと。

「彼の制作物だと知って、暖炉を燃やすには、彼のミニアチュア薪を愛用しようという人が街にはかなり広まっており、彼はそれを生き甲斐と誇りにしています」と、ガンパー所長は微笑まれた。

そして、高齢者の方々の午後のお茶の席に招じ入れられた。こざっぱりした身繕いで穏やかな表情の方ばかり、八人ほどが着席されていた。年齢の幅は八十六〜九十六歳とのこと。

私が挨拶すると、指文字の通訳で「日本」を読み取り、ご自身では聞こえないのに「ヤパン、ヤパン」と声を出して握手を求めてこられる。なかには、ろう者用のウィークリー新聞で読まれた、日本近海を襲った大型台風の記事を思い出され、スイスまでよく飛行機が飛んだとか、自宅に被害はなかったのか、と問いかけられたりした。

一緒に写真を撮りたい、という希望が出された。なかでも一段と満ち足りてにこやかな九十一歳になるという女性の方が、私と二人のスナップ写真の背景にこれを入れたい、と自室に戻って、二枚の額入り写真を持ってこられた。

一枚には髪にリボンをつけた可憐な少女が盛装している。もう一枚はふっくらして満ち足りた、という表情の六十歳代かと見える老婦人の肖像写真である。前者の額はこのチューベンタールの中に設置されている全寮制の聾学校を卒業して、自宅へ戻るときの記念写真であり、後者の額は自宅へ戻って牧畜、農業に携わること約五十年、働くことから引退して、ビレッジの高齢者ユニットに入所した当日の記念写真だという。この二枚の額入り写真が彼女と私のスナップ写真の背景としてきれいに写ったのを確かめると、「九十一歳で元気。日本人に会えたことの記念。そして私の一生をこの背景を見ると思い出す大事な写真」と微笑された。

傍らからガンパー所長が、「いろいろ長い一生で苦労もあったでしょうけれど、自分は応分に居場所を得て、働き、かつそのほかやることをやってきた、という気持ちがそれぞれの高齢者が今を受けとめる要因になっているのです。基本的に安心して、足りた気持ちになっているここの高齢者の間では、あえて手話や筆記云々はそれほど重要でなくなり、黙っていても通じ合うような気持ちがするのです」と呟かれたのが印象的であった。

＊

エンパワメントとか、自立ということが、強調されることも必要ではあろう。だが、その人らしく生きるという意味の〝自律〟を援助する社会制度上の充実と、もう一つ、能率一辺倒を少しゆるめたセンスを私たちが一人ひとり市民感覚として持ち、分かち合って生きる、という姿勢を持つことが大切ではなかろうか。

第三章　施設で出会った子どもたち

こころに届く言葉と行為

児童養護の現実には、携わる方々のご努力にもかかわらず、依然として困難な課題が多くある。児童養護施設とは、さまざまな事情で家族と暮らすことのできない子どもたちが生活する場所である。

一九九〇（平成二）年、当時子どもの虐待という現象は既に多くあっても、今日のようにまだ社会的に大きく注目されていなかった。その頃、子どもが抱く父母や家族イメージ・考え方が子どもの精神的健康とどう関連するのか、また子どもたちの精神的成長に父母・家族イメージが及ぼす影響について、年齢、家庭生活環境など、さまざまな視点から調査研究を行った。社会的養護児童の深刻な苦境と、そのなかにあっても彼らの内に潜むレジリエンス（成長可能性）を識った。

子どもは、何気ない日々の生活・暮らしの積み重ね、当たり前の生活のなかで、自立心や生きるうえでの役割のモデルを得る。一見平凡な、しかし恙《つつが》ない生活の積み重ねを通して、人や世界への安心感を得るようになる。ただし、「生活」という日常的な言葉から、「では、大過なく、まあ暮らせればよいか」と安易に流れるのではなく、何をめざして、どういう配慮や工夫をしながら、誰とどのように暮らすのか、この営みの質を日々ささやかでも高めることを考えつつ営む生活が、社会的養護の専門性であろう。よい生活の仕方、これは深く幅の広い問いである。この問いの解答を模索しつつ実行しながら進んでいかねばならない。この姿が子どもたちにとってモデルにもなるのだから。

こう考えると、故・広岡知彦氏からの語りかけ「仕事を仕事としないでください」、そして「専門性」とは「それは、存在である」という言葉の内包する意味が、ある実感をもって思い浮かぶ（注）。しかしそれは、完結しきらない常に問い続けるべき問いとして、切実に私たちの胸中にある。

また、専門職者として向上していくには、知識や技法の習得を目的とした研修を受けること（これにも受け身的な座学だけではなく、積極的な相互研修など、方法上の工夫はなされるようになったが）は大切だが、それだけでは不十分であり、会得した内容や抱いた気づきを現実のなかで試み、その結果を検討する。そこで気づいた点を加味して、さらに現実のなかで確かめるという根気強くかつ事実に忠実であるという態度で課題に処する行為を続けることを通して、専門性は磨かれていく。そして、言葉と行動が乖離していないか、自ら振り返ることが養育者には求められる。

子どもが求める大人――子どもに導かれて

　カウンセリング等では、信頼関係の作り方や、相手が話すようになるスキルなど技法が多く考えられ、説かれるように思われるが、どういう自分であったら相手は信頼を寄せてくださるかという視点から、支援者は自分自身のあり方を相対化して考えることが大切である。人は誰しも自分の出会っている人、目前の面接者がどういう人であるかを素早く感知し、その器に応じて語り、自己開示するのが事実であろう。先に記した広岡氏の「専門性とは存在である」という言葉と呼応する。だが、自分を正直に相対化し、掘り下げて見つめ考えることは難しい。人は誰しも程度の差はあれ、もっている自己愛を適切にコントロールし、素直に正直にならなければならない。これこそが面接の王道といえよう。

　私が若かったとき、しばらく精神科病院に勤めていた。そこで、統合失調を児童期に発症し、誰からも「人間や世界への不信感の塊、凍てついた氷塊」と評されていた青年と出会った。すべてに無感動で、終日無言で彼は就床していた。主治医から〝面接をしてみるように〟と依頼され、心もとない思いで寝ている彼の傍らでそっと声をかけた。すると、瞑目していたのに、ぱっと目を開いて彼は私を見つめ、ベッドから出て面接室へ向かったのである。やがて拒薬はやみ、自発的な行動が次第に増し、かなりの時と紆余曲折を経て彼は退院し、軽作業に就労、休日に入院中の病友を見舞うようにもなった。

「先生は環境も育ち方も自分とはまったく違う、幸せの世界に生きている人だと一目見てすぐわかった。でも自分について、〝足らない、足らない〟と思っていて、少しでも変わろうとしている人だとわかった。病気から治って変わらなければならない僕と、〝変わる〟という意味で、先生と僕はつながったのです……」と言われたことを思い出した。

子どもは、自分を問い・見つめる大人、自分への評価のためでなく純粋に他者を思う大人と出会うことを切望しているのだ。

＊

養育の質向上のために新たな専門職が導入されるようになったが、これが本当にその特質を発揮できるには、心理職を例に挙げれば、面接室にこもって待ち、外で習得してきたものをそのまま適用しようとするのではなく、まず場の性質を識り、職員や子どもたちの生活の場に馴染み、ここで何が求められているのか、自分はどう役立つことができるのか、不足するところをどう会得するのかというあくまでも子どものニーズと子どもへの関わりの質向上のために、職員が求めている子どもの気持ちの理解、子どもとのつながりを生み出す工夫などを具体的に提案できるという能動性をもたねばならない。

〈注〉

・広岡知彦（ひろおか ともひこ）

一九四一（昭和十六）年生。昭和後期から平成時代の福祉活動家。東京大学理学部卒、大学院博士課程進学。理学博士。朝日新聞社社長であった広岡知男の長男であることを伏せ、リヤカーを引いて福祉活動のため古紙回収などを行い、「研究なら僕よりできる人は居る……」と父に告げ、東京大学助手を退職。一九六七（昭和四十二）年東京都世田谷区の三宿に、続いて一九七四年経堂に、さらに一九八二年祖師谷に「憩いの家」を開設。児童養護施設出身や家庭の事情で行き場のない十八歳までの子どもの自立援助を行う。子どもの虐待防止センター代表をも務めた。一九九〇（平成二）年吉川英治文化賞受賞。一九九五年一月死去、享年五四。

参考：（財）青少年と共に歩む会（編）『静かなたたかい——広岡知彦と「憩いの家」の三〇年』（財）青少年と共に歩む会（発売：朝日新聞社）、一九九七年

かけがえのない小さい宇宙、あそびごころ

ルーペで名も知れぬ雑草の小さい小さい花をのぞくと、肉眼で見えるのとは別の花のように、繊細で端麗、時に気品ある佇まいにはっとして見とれてしまうことがある。花屋のガラスケースの中の高価な花とはまた別に、雑草の花一輪にも審美的なかけがえのない宇宙を感じるときがある。こういう視点で見ると、とかく問題点から考えられるような子どもたちの振る舞いの中にも、時として、人間としての品性がきらめくときがある。

十数年前のこと、調査研究のためにある養護施設に伺ったところ、想像以上に厳しい現実があった。

子どもたちが児童福祉（養護）施設に措置される理由は、かつてのように親の身体的病気が一番ではなく、実親からの虐待が過半数を占めていること、親もこころを病むというケースが多いこと、子どもの家庭復帰が容易でない……諸々の条件が重複している家庭が多い。したがって、こころが

傷つき、容易に自分や他者、さらには世の中を信じられない子どもたちが入所児童の中で増えており、事態は厳しさを増している。

養護施設での調査研究を終えて、私は〝これで終わり〟と言えない気持ちになっていた。施設児童の多くは、夏や冬・春休みに、自宅に一時帰宅したり、親元でなくとも親戚宅へ一泊か二泊の外泊をしていた。しかし中には、出かける先や縁者のない子どもを支えるための精神的里親との出会いすらもなく、多くの子どもがどこかしらに泊まりに出かけた休みの期間もぽつんと施設に残っている子どもたちがいたのである。年にほんの数回であるが、施設の側が〝この子どもを〟とお考えの入所児童と、時には施設の職員の方々も一緒に、わが家にお招きしてきた。

初めて招いたのは、この三月に卒業し社会へ独り立ちしていくという高校生二人であった。もともと緘黙気味の男子のほうは久しくひきこもっており、卒業後の進路が確定していない。招待には応じないであろう、との施設側のご意見であったが、直接彼の居室へ出向き、閉じられたドア越しに趣旨を話すと、意外にも戸が開けられて、「結構なお話……」と。女子のほうは勉学にも励み、アルバイトにも精を出して、高校卒業後は看護師を目指す進路が決まっているとのことであった。

始めは緊張気味の二人であったが、私ども家族とも自然にうち解け、料理へのほどよいコメントなどもが交えながら、会話は自然に弾んだ。とりわけ、それぞれ二人がホッとしたような表情で、私どもがたずねたわけでもないのに、問わず語りに、施設入所時から今日までのエピソードをたどり、これからの独り立ちの生活への一抹の不安と希望とをその人らしい言葉で語ったのが印象的であった。ひきこもっていた男子は、「初めての人の前で、他所の家（そういえば他家で食事をするのも初めて、と）で、話せると思っていなかった。これからはまず話せるようにしたい」ということであった。

その後、それぞれに礼状を戴いたが、看護専門学校へアルバイトをしながら通っている女子からのハガキは几帳面な文字で「村瀬さんの家は何か温かい感じがしました。それはいろいろなことが原因でしたが、木の家であることも一つの原因だと思います。私は一生懸命働いて、いつか木の家を自分の家として建てたいと思います……」と記されていた。彼女は今、仕事を続けながら二児の母として元気に暮らしていると聞く。男子のほうは自分探しの途上だという。

ほどよく、無理せず「家を開く」ことは、お互いの生活にちょっとした何かをもたらしてくれる。これは相互性のある、ありがたい経験だと私は考えている。

ある児童養護施設を訪ねて、私が子どもたちと何気ない会話を交わしたり、園庭で高鬼をしていた昼下がり。小学四年生の男の子がぽつんと一人、皆と離れて、日陰につながれた犬に向かって独り言を呟いているのに気づいた。犬を軽く小突いてもいる……。

「何やっても面白くねえんだよ、世の中なんて、わかっちゃったよ。面白くねえんだよ」

うーん、これまで苦労してきたのだな、虐められた辛いこと、悲しいこと、悔しさ、心細さでいっぱいなのだろうなぁ……。私はそっと語りかけた。

「面白くないのよね。うーん。なんか寂しいねえ……」

彼はちょっと白けた、そしてけげんそうな眼差しを私に向ける。

「あの、学校で理科の時間に顕微鏡使ったことある？」

「知らねえよ、勉強なんて大嫌いだ！」

「ねえ、ちょっと不思議で面白くない？　これは倍率の低い携帯顕微鏡なんだけど……」

私はたまたま手提げ袋に入れていた折りたたみの手軽な顕微鏡で、彼に犬の毛を見せた。それから、彼のミックスツイード調のセーターや掌もレンズ越しに覗かせてみた。わずか八倍ほどだが、肉眼で見るのと顕微鏡のとでは随分と違う。微妙な色の変化、レンズを通して見ると何だか輝いて見える羊毛、掌の掌紋もなかなか複雑というか緻密な世界である。

彼は無言のまま、レンズを覗き込んでいる。

しばしの時が過ぎて軽いため息。私とふと目が合う。不機嫌そのものだった彼はうっすら笑みを浮かべた。つられるように私も思わず微笑する。

「ねえ、肉眼だけで見ていたのと随分違っていたでしょう？」

「……ウン、なんかおもしれぇな」〈うーん、そうよねえ……〉

しばらく黙って二人一緒に犬の頭を撫でている。犬はされるがままになっている。静かな穏やかな時が流れた。

「あのう……、嫌なこと腹が立つこと、悲しいことといっぱいあったと思うけど、でもこれからも全部がそうだとは決まってないと思うんだけど……。〝面白いことなんかない〟って言ってたけど、今、ほんのちょっとだけど面白いことあったじゃない？　どうせ何もないって決めつけないで、時には〝きっといいこともあるだろうなぁ〟って思って、一つひとつのこと大切にして暮らしていけるといいなぁと思うの。なんかお説教みたいで悪かったかしら……」

彼はじっと私を見つめて、首を横に振った。

もちろん、これは小さな一つのエピソードで、ちょっとした契機に過ぎない。むしろ施設職員の方々の毎日のこころをこめたかかわりの蓄積があったなればこそのことであるが、その後、彼は殻を閉ざして大人の言葉を拒む姿勢を和らげ、少しずつ自分の気持ちを言葉にして人に伝えよう、そして人の言葉に耳を傾けようとし始めた、という後日譚であった。

＊

心理的援助の世界では、昨今はもっぱら認知行動療法が喧伝されるようになっている。誤って学習したとも考えられる感じ方、ものごとの捉え方、人やことへの振る舞い方をより適切な方向へと変容を促すもので、いたずらに個人の内面に深く立ち入らないこと、侵襲性が低いこと、現実的効果がある、というような種々の理由で評価されている。

ただ、こうした体系化しやすく、時としてマニュアルに馴染みやすい技法を適用するときにこそ、被援助者に対して操作的になりすぎないように、一緒に、そしてどこか自然なあそびごころ、さらには気づく歓びを同じ目線で共有するセンスを持っていたい。

似て非なるもの

先日、ある男子の児童福祉施設をお訪ねした際、施設側が「どうぞ、自由に話し合って、子どもの意見を聴いてください」と、小グループの子どもたちと話し合う場を設けてくださった。

平素、子どもたちと日常生活を共にして、入所児童の養育や相談指導にあたられている職員の方にもご同席いただいて……、と私は考えた。だが子どもたちは「先生、居ないほうが話しやすい！」と。職員の方々も「そうだね、存分に思っていることを話してごらん」と席を外された。日頃、一人一人の子どもにこころを込めてかかわり、基本的な関係が培われているからこそ、こうして自由に話す機会が用意されたのであろう。

「大抵の場合、大人は、大人の立場で子どもについて、観察したり、気づいたことをもとに考え、いろいろなことを子どもについて語る場合が多いように思うでしょう？」と口を切ると、子どもたちはちょっと驚いた表情で、しかし、そうだ、と頷く。

「今日は、まずみんなの思っていることや感じていることを聴かせてほしいの。子どもの言葉を素直に聴いて、大人として自分はどうあったらよいか、いろいろ考え学びたいの。よろしく」

子どもたちは緊張と期待の入り交じった眼差しをじっと向けた。

こういう児童福祉施設の子どもたちは、入所してくるまでに本人の責任ではない次元で、環境的にさまざまな苦難に遭ってきている。したがって多くの場合、素質が十分開花しておらず、言語表現も不得手で、内面の感情や考えを言葉にすることには難渋しがちである。私が子どもの喉元の皮一枚下の言葉に表しにくい思いをすくい汲み取るような心もちで、ちょっと一言添える手伝いをしたり、子ども自身が自分の言葉を見つけ出すのをじっと待つ、そんなひとときのやりとりだった。

話し合いを終えたとき、どの子も担当の職員の方に向かって、「思いっきり話せた。なんか聴いてもらった」と口々に話していた。素直な話を聴かせてもらえてよかった、と私もこの機会に感謝した。

子どもたちの話はなかなかに示唆深かったが、その一つ。

中1だというその男子は、「まずは子どもの言うことをよく聴こうとしてほしい。そして何かあるとき、そのわけがあるのだから、説明は聴いてほしい。それを頭から、弁解するな、と言わないでほしい。弁解と説明は違うと思うのです……」と語った。

なるほど、潔く自分の非を認めるということは大切で、弁解に終始すれば真の反省には至らないということもあり得る。けれど、ある事柄に纏《まつ》わる諸々の要因や事情を定かに知ることも必要不可欠で、それを述べることは弁解ではない。うーん、なるほど……。とそのとき、ふとあるクライエントの少年がかつて語ったこと、それを聴いてはっとした経験を思い出した。

自分の行動をコントロールできなくなって、生活が崩れていた彼は、少し自覚を持ち始めたとき、「僕はたくさん怒られてきた、怒られてばかりだった。だから聞く耳をなくしてしまった。叱られるという経験がなくて、ものごとの基準がわからなくなっていました」と語った。

「怒ることと叱ることとはどう違うの？」と私はたずねた。

彼はちょっと首をかしげて、「怒るというのは感情的に自分の苛立ちをぶつけることです。叱るのは、相手のことを考えて、それを正そうと注意することだと思います」と。

何気ないようだが、彼らの言葉は本質を突いている。そういえば、一見似ているようでいて、実は全く意味する内容が違うことを、ぼんやり取り違えて行動していることがあるような気がする。思いつくままにいくつか例を挙げてみよう。

慎重、熟慮――優柔不断
自分を大切にする、主体的――自己中心的、わがまま
積極的――でしゃばり
親切――おせっかい　　などなど……。

考え出すとそれこそ際限なく挙がってきそうである。この、一見似ているようで実は違う、自分でこれでいいのだと安易にやり過ごさない、これは意外と難しそうである。この似て非なることを錯覚しないためには、状況を的確に捉えて、それに相応した行為を選び取っていくという智慧が求められているようだ。

自然を感じ取る暮らし

ある二月下旬のことであった。時々お訪ねしている長野県にある養護施設、沓掛学荘の西島園長が何気なくふと呟かれた。

「大人には冬のまっただ中と感じられる日々、立春を過ぎても雪は積もり、地面は凍てついている。それなのに、学荘の子どもたちはすすんで戸外で遊ぶようになります。子どもたちは春の訪れを敏感に感じ取っているようです。そういえば、一見、落葉して裸木に見える木々の枝には小さいけれど新しい芽吹きがあるのです」

窓外を見ると、高い木立に囲まれた広い園庭では、就学前の小さな子どもも元気に嬉々として雪合戦に興じていた。この沓掛学荘では子どもたちはゲーム機で遊ぶことは一切ない。子どもたちは余暇の時間は自然に親しみ、戸外で遊ぶこと、運動すること、あるいは読書や表現活動、楽器の演奏などに、それぞれ親しんでいる。西島園長はおっしゃる。

「ゲーム機で遊ぶことは中毒のようになって、子どものよい意味での好奇心や探求心、あるいは創造性を削ぎかねない。入所して初めのうちは〝ゲーム機で遊びたい〟と言う子どもも、そのうち自分で表現創作活動をしたり、スポーツをしたり、楽器を弾くことを楽しむようになるのです……」

実際、養護施設へ入るまでは養育条件の整わない生活状況の中で、虐待をも受けてきて、少なからずこころ傷ついてきた子どもたちである。彼らは、クラリネットやオーボエを施設に来て初めて手にし、習い始めるのだという。地域に本職の芸術家やその他いろいろな道の専門家が居住されていて、この学荘では、そういう方々がボランティア精神で子どもたちに教えてくださるという機会に恵まれていることも幸いしている。

窓外の林のスケッチと想像上の人物を一つの画面に巧みに配置して、独特のファンタスティックな世界を描き出し、それにユニークな物語をつけた絵巻画帳を作っている子どももいる。入り日を見つめてじっと一人無言で考え込んでいた高校生が、諸々の想いを込め、聴き手が魅了されるような音楽性豊かなピアノを弾いたりする。

園長は、「この学荘の子どもたちは、どの子どもも、その子どもなりに才能が輝き出すのです」とおっしゃる。物心つくかつかないうちから、親に見守られ、手助けされて、楽器演奏や表現活動の手ほどきをされ、演奏会や展覧会に連れて行かれる機会に恵まれるなどということとは縁遠かった子どもたちが、恵まれた自然環境で、自然に触れ、感じ取り味わうセンスを呼び覚まされ、それが基となってもろもろの活動を展開させるようになっていくのである。

何も、技術的に卓越した演奏家やアーティストを目指すということではない。自然に親しみ、そして時には自然の猛威を識る、いたずらに自然を征服しよう、と気負う姿勢でなく、季節の変化を味わい、自然と折り合って、調和をもって生きる。そういう生活を通して、こころが育ち、癒されることは大きい。自然と調和し合うというのは、本来、日本の精神文化の基底をなすものであるといえよう。

＊

今さら記すのもいかがかと躊躇《ためら》われるが、早く、たくさん、上手に均質に、という価値基準ばかりでなく、それとは一見定かに目に見えない季節の移り変わりの兆しを雲の佇まいに気づくようなセンスを大切にしたい。また、都会のコンクリートに囲まれた生活の中にあっても、一輪挿しの花に命の美しさを仮託する、主菜を盛りつけしたお皿にちょっと木の葉を添えるなど、無機的に流れずに、自然を享受し味わうゆとりを持って暮らしたい。

ゆったりと機敏に――高橋田鶴子先生を偲んで

薫風香る五月の二日、社会福祉法人至誠学舎立川が経営する児童養護施設「至誠学園」の顧問でいらっしゃった高橋田鶴子先生を偲び、お別れする会に出席してのこと。

「一粒の麦、地に落ちて死なずば、唯一つにてあらん、もし死なば、多くの実を結ぶべし」

この言葉がふと思い出され、しみじみとしたことであった。この世的栄耀になど思いを巡らすことなく、ひたすら不運な子どもたちが少しでも幸せになるように、と智慧を注ぎ、労を厭わず働く児童福祉施設職員の方々については、あまりマスコミでは取り上げられることがないように思われる。

一九九二（平成四）年頃、「家族と共に暮らすことがかなわない、あるいは親を知らない子どもたちはどのように何を拠り所として成長するのか、家族についてどのようなことを願い、どのようなイメージを抱いているのか」といった問題意識のもとに、立川市にある児童養護施設の至誠学園へ参与的面接調査へ私は伺っていた。子どもたちと日常生活を共にしながら、自然な流れでいろいろ話を聴いている合間に、高橋田鶴子先生に初めてお目にかかったのであった。

先生は当時、既に車椅子を使われ、幾分お手も不自由のご様子であったが、温かさと確かな存在感を持って出会う人に対応され、ご自分の不自由さを口にされることは全くなく、子どもたちや施設職員の様子に細かく目を配られて、一人ひとりに即応した言葉かけをなさっているのが印象的であった。小さな幼児から高校生たち、そして職員は皆、「学園のお母様」と田鶴子先生を呼んでいた。

子どもたちの宿題の手伝いや掃除の手をちょっと止めて一休みしていると、田鶴子先生は傍らに来られ、私の労をねぎらってくださった。その折、話題はさまざまなことに及んだ。印象的だったのは、第二次世界大戦後の誰もが生き延びるのに大変であった頃、養護施設の子どもたちを育てるということは、まず食糧の確保に始まり、財政的にも運営は困難を極めていたことであったと想像される。そういう困難を、先生は淡々と気負う様子もなく回想され、しかも関心は追想にばかり向けられているのではなく、常に今日これからの児童養護のあり方に思いを馳せていらっしゃった。

このときの施設の子どもたちの意見を聴く調査は終わったが、これでお終い、とは言いがたく、私のできるささやかなお手伝い、例えば夏季や冬季の休みに、帰宅できない園生たちをわが家にお招きしよう、とふと考えたのも、身を挺して子どもたちのために働いてこられた田鶴子先生のお気持ちにほんの少しでも沿えれば、ということでもあった。

元は山の手のお嬢さん育ちでいらしたのに、リヤカーを引いて学園生の食糧を求めて、農家を廻られたこと、卵を得ようと養鶏を始め、鶏糞で菜園の収穫がぐっと上がったこと。広く豊かな世界があることを見せてあげたい、とご家庭のピアノ購入目的の貯金をはたいて、学園の子どもたちによそ行きの服を購入して着せ、都心の音楽会へ伴われたこと等々、そういう経験はそれなりに楽しかった、とさらりとした口調で田鶴子先生は語られた。

ご子息の高橋利一氏（当時、法政大学教授で至誠学舎立川の常務理事）は、次のようにしみじみと述懐された。

「このままでは学園生が栄養失調になると考えた母は、突如、単身で立川米軍基地の駐屯司令官に面会を申し込み、〝子どもたちに一日牛乳瓶一本のミルクを〟と頼み、ついに全兵士が毎月一人五ドルを献金することによって、それを実現してしまったり……。とにかく発想が前向きで行動的だった、そう容易には真似できない……。とにかく創意工夫、行動力の人で、人を大切にしよう、誠を尽くそうという想いでいつも行動していた。父の病が篤く、病院の食事をいただけなくなったときも、経管栄養にいきなり頼らず、目の前で食材を見せて小さなすりばちと電気コンロを使って自分でいろいろ流動食を手作りし、わずかでも口からの食事を楽しめるようにしていた……」

田鶴子先生は一九二九（昭和四）年のご出生、高等女学校を卒業後、当時宮内庁職員でいらっしゃった高橋利成氏と結婚された。間もなく利成氏は満州へ応召され、ご主人のお父様が園長を務められる現社会福祉法人至誠学舎立川の前身である司法保護団体至誠学舎立川に三人のお子様を連れ身を寄せて、少年の保護育成事業のお手伝いを始められた。ご主人が出征中のお留守の家庭を護り、まだ幼かったお子様方の育児をされつつ、保護少年の指導や慣れない畑仕事をなさったことを、苦労というより楽しくやり甲斐があった、と回顧されている。

一九四六（昭和二十一）年、復員された利成氏は宮内庁を退職され、田鶴子先生と共に、新たな時代の児童福祉、老人福祉を目指された。これに呼応して、田鶴子先生は竹早教員養成所や中央社会福祉協議会の養成課程に通われ、保母資格、幼稚園教諭資格、社会福祉主事任用資格を取得された。しかも、さらに早稲田大学第二文学部で故戸川行男先生の講座の聴講生となられ、行動心理学を研究して研鑽を積まれた。四人のお子様を育て、児童福祉施設至誠学園での主任保母としてのお仕事をされていらしてのことである。

そして、一九六八（昭和四十三）年、四十代でご主人が逝去されると、至誠保育園長、至誠学園副園長の職に就かれ、養護施設の大舎制から小舎制への転換、グループホームの設置、施設幼児の保育教育の場としての「モンテッソーリ立川子どもの家」開設などを行われ、併せて、職員の養成研修、児童の家族の再統合、卒園生のアフターケアの充実などに力を尽くされた。

ご健康を少し損ねられて一九八五（昭和六十）年には至誠学園の顧問となられたが、それ以後もずっと二〇〇七（平成十九）年四月に息を引きとられるまで、常に学園生の傍らにいらして、心配りをしていらっしゃった。

田鶴子先生は子どもたちに対するときの姿勢として、常々「ゆったりと機敏に」を説いておられた。「ゆったりと」とは、気持ちにゆとりをもって、子どもが何か話しかけたそうにしているとき、あるいは学校や外から帰ってきたとき、落ち着いて子どもに気持ちを向けて「なーに？　どうしたの？」「お帰りなさい」と、何かしながらではなく、しっかり子どもに向かって応対するように。子どものほうからすれば、素直に「あのねぇー」と自分を委ねる気持ちになれるようなゆとりある大人であることが望ましい、ということを指している。

一方、「機敏に」というのは、ものごとの手順や展開を考えて無理や無駄なく、的確にことを運ぶことなのである。換言すれば、これはきめ細かな配慮と、確かで手順よいこころを込めたものやことへの対処の仕方が、基本として求められるということである。

＊

ゆったりと機敏に、ということとは一見矛盾した内容を指すようでもある。これを両立させるのは容易ではない。だが、生きることには常にパラドックスの課題がつきまとう。つまり、バランス感覚をいつも働かせることの大切さを田鶴子先生は説かれ、ご自身で、身をもってそれを実行なさったのだった。日々の生活をこころを込めて大切にする、この姿勢こそ、人に安らぎをもたらし、心身の成長を基本的に保障するものなのだ。

高橋田鶴子先生は昨今、新たに提唱・注目され始めた、心理的援助における生活モデルの重要性を、早くからその実践を通して提唱されていたのだと思われる。

出立それぞれ

春に呼応するように、この季節は人々にとっても新たな出発の時である。初めての集団生活、初めての外の世界に開かれることへの歓びと、ちょっとの不安が入り交じる幼稚園や保育園の新入幼児たち。ランドセルを背にした小学校新入生の期待と軽いおののき、難関を突破して自負心と希望を胸に晴れやかに上級学校へ進む青年たち、望んでいた就職先へ真新しいスーツに身を包んで出かける新社会人……。そして彼らの傍らには、わが子の門出を祝い、喜ぶ家族がある。

だが一方で、希望叶わず捲土重来を期して、自らを励ましつつ予備校へ向かう若者もいる。また、ひきこもりや不登校の生活から、〝この春こそ……〟と生き方の進展を内心密かに期していたのに、想いとうらはらに動き出せず、〝潮の流れにまたも乗り遅れた〟という自責と悔いを噛みしめている人々もある。春の有りようは一様ではない。

昨今では、「苦学生」という言葉はほとんど聞かれない。アルバイトも、生活や学資のためという割合は減り、より生活をエンジョイする資金、あるいは社会勉強、といった動機が多くなったように見受けられる。しかし、少数ではあるが、十八歳で家族をはじめとする後ろ盾がほとんどなく、社会に向かって文字通り〝独り立ち〟していく青年たちがいる。さまざまな事情で、児童養護施設で十八歳を迎え、そこを卒園していく青年たちである。

これまで、施設を卒園していく人々をわが家へお招きし、ささやかなお祝いの夕食会を幾度かもってきたが、そこでの食卓ではさまざまな話題がのぼる。

高校へ通いながら、アルバイトをし、進学資金の一部やアパートの入居資金を貯めてきた、などなど。その年頃の自分を思い出すと、親に頼っているのを当然と思っていたことが恥ずかしく思われる。卒園となれば、かつて施設の職員に注意されたことも有り難く、懐かしく思える、とのこと。

天涯孤独の、ある青年は、穏やかに、だがしっかりした口調で語った。

「始めは、自分がどこから通っているかというのも学校では伏せていた。家族の話題が出るときは辛かった。でも、いつの頃からか、そうだ、学園が僕の家だ、僕は学園の子どもだ、と思えるようになって、自分を自然に受け入れられるようになってきた。そしたら勉強やスポーツが面白くなり、いろいろいい循環が始まってきた……。大学は法学部です。奨学金とアルバイトで何とか卒業したいと思います」

彼が幼稚園児だったとき、土曜日の午後、家族の元へ一時外泊する同室の幼児を目に涙をためて見つめ、一人で無言のまま石を蹴っている場面に、私はたまたまその園を訪れて遭遇したのであった。石を蹴り続ける彼の胸中を想うと声もかけづらく、あとで、彼が夢中で投げてくるボールをあたりが暗くなるまで、黙って受け続けたことを私は鮮やかに思い出した。ここまで育ってきた彼自身の努力と施設の方々のご苦労の積み重ねに思いを巡らした。

別の女子の卒園生三人が、わが家を訪れてきたときのこと。話題は、学園生活のさまざまな思い出から、これから社会で一人暮らしをする生活の知恵にも及んだ。

アパートの一人暮らしで、身の安全をどうやって守るか。さらに、同じ金額でも、自分で調理すれば節約できて、栄養も摂れる。だけど料理は苦手、どうしよう……と言うY子さん。すると、高校で食物科へ通い、卒園後、昼間はレストランで働きながら、夜間の調理専門学校へ通っているというK子さんがこう言った。

「相談の電話、しておいでよ、ヒント教えるから！　電話代がかかっても、ちゃんと自炊ができるようになるほうがいいからさ」

ささやかな宴がお開きになるとき、食べ物を〝お持たせ〟ということになった。三人で容器に詰めながらY子さんが言った。

「ねえ、O子ちゃん、あなた、お母さんと一緒に暮らすことになったけど、お母さん、ご飯を作らないんでしょ？　だったら、この食べ物、三等分じゃなくて、O子ちゃんのお母さんの分も入れて四等分にしよう。このおかずなんか、明日の朝に食べたらリッチな朝食になるよ！　そう、お母さんは私たちみたいに楽しい夕食の機会がないんだから、多めに分けようよ」

O子ちゃんの母親はいろいろ治療や援助を受け、主観的には努力してきてはいたが、それでもいまだに卒園したO子ちゃんが主婦役をするという事情であった。

自分の力で独り立ちしていこうとする、それだけでも人として頭が下がる思いがするのに、親らしさを期待できない親に、そうあらざるを得ない必然性を受けとめて優しい配慮をする、それにこころ打たれた。

＊

新しいそれぞれの門出にエールを送りたい。なかでも、後ろ盾の少ない中で、自分の道を歩もうとする青年たちに対しては、深い敬意を込めて。

ある日韓交流

ふとした契機で舞鶴市郊外の児童養護施設、舞鶴学園を時折お訪ねするご縁ができた。何かしら懐かしい心持ちになる木造二階建ての小舎六棟が「山の家」「木の家」「風の家」「星の家」「花の家」「宇宙の家」と名付けられて、芝生の庭を挟んで建っている。幼児から十八歳までの六十人余の子どもたちが各家に分かれて暮らしている。

子どもの生活を、なるべく細やかに行き届いた本来の家庭の暮らしに近づけたい、よりよい養育をと目指されて、大舎制から小舎制への転換が決意され、五年前、現在の地へ施設は移転された。その折も地域の理解、賛意を得るには言葉に尽くしがたいご苦労をされたようであるが、桑原教修園長は地域社会からさまざまな支援を得ていることに多く言及して感謝され、そのご苦労については控えめにしか語られない。

学園の隣には、保育園と児童家庭支援センターが併設され、育児をはじめとして、家族生活にまつわるよろず相談が行われているほか、通常の保育活動に加えて、ショートステイ、トワイライトステイ事業、預かり保育など、きめ細かなサービスを提供して、地域の子育て支援が行われている。一方、個別化したケアを必要とする施設の子どもたちに対して、生活を共にし、思慮に裏打ちされたきめ細かなかかわりをすることだけでも容易なことではないのに、職員の方々は地域との親交を深めようと、地区の諸行事運営の裏方を積極的に引き受けておられる。

園長室や子どもたちの暮らす小舎の玄関に、ハングル文字や英文の手紙、お人形が着るような可愛いチョゴリチマが飾られているのに気づき、おたずねすると、この学園は一九九五（平成七）年から、韓国のシオン育児院他数カ所の養護施設と交流を続けてこられたのだという。それは九三年の夏、全国社会福祉協議会主催のアジア児童交流事業で韓国の子どもたちを舞鶴学園に数日間、招いたことに始まる。訪れた児童に付き添ってこられた役員の、何かうち解けられない様子に桑原園長は気づく。「舞鶴市には浮島丸の殉難者の碑がある、それにお参りしたい」とその韓国役員の方から告げられる。

そもそも韓国と日本との間には重く不幸な歴史的事実が横たわっている……。

第二次大戦終戦直後の一九四五（昭和二十）年八月二十四日、朝鮮半島より強制連行され労働に従事させられた韓国人帰国者多数を浮島丸が乗せて帰国途上にその悲劇は生じた。青森から釜山へ向け出港した途上で舞鶴に寄港したとき、浮島丸は舞鶴湾内で一瞬にして爆破され沈没したのである。気づいた付近の漁民は必死に救助したが、ほとんどの方が亡くなられた。韓国人労働者とその家族五二四名、日本人乗組員二五名、計五四九名の犠牲者が出た、と日本政府は発表している。第二次世界大戦後、洞爺丸事件に次ぐ第二の大きな海難事故でありながら、これはほとんど報じられることがなかった。その後、身元が判明した殉難者の遺骨は韓国政府を通じ遺族へ返還されたが、残る遺骨は現在、東京目黒の祐天寺に祀られている。

舞鶴湾に臨む市の郊外に「舞鶴市殉難者追悼の碑」が一九七三年、地元の人々が中心となり浄財を集めて建立された。ある中学美術教諭が無償で制作したという、嬰児を抱く母親を中心とする家族の彫像は、波静かで小島の点在する美しい舞鶴湾のはるか彼方を見つめて建っている。台座には「……故郷の山河や忘れられない肉親の人々との再会を心待ちにしていた人々がその直前、異国の海でかけがえのない生命を失っていった殉難者の胸中はいかばかりであったろうか。私たちは、この浮島丸事件を『風化』させるのではなく、将来にわたって忘れさることのできないものと考え、思想・信条・信教の違いを超え、人道の立場に立って、碑建立の運動を進め、幅広い府・市民の方々の浄財と京都府および舞鶴市のご援助を得て、記念公園と追悼の碑の完成をみるにいたったものである。この碑が平和と国際友好の架け橋として意義深いものになることを願いつつ」と刻まれている。桑原園長にその地へ伴われたとき、碑の傍らには韓国国花の白い槿《むくげ》がひそやかに咲いていた。

訪日された韓国の養護施設の児童と付き添われた役員を追悼の碑に伴い、お参りされたそのとき桑原園長は、彼の地の子どもたちと学園の子どもたちが相互の文化と社会に対する理解を深めるために、相互に交流させたいと思い立たれたのである。諸々の準備をされて、毎年韓国の施設児五〜六名と施設職員が夏休みに舞鶴学園に七日間余滞在し、学園の子ども四〜五名と職員が冬休みに彼の地の施設を訪ね、さまざまな活動を通して相互理解と親睦を深めて今日に至っているのだという。

一九九八（平成十）年には、舞鶴学園の子どもたちと職員が劇「風子飛べ」（脚本・わらび座、これは心閉ざした児童が都会から自然を求めて移住した転校先で、人との出会いや自然との触れ合いの中で自分を取り戻していくというストーリー）をソウルや仁川など四カ所で上演し、言葉の壁を乗り越えて、その内容は観客の胸を打ち、大成功を収めたという。

両国の子どもたちはこの交流を通して、他国の風光、文化、精神風土にふれて、精神世界を深め、そのうえ、国は違っても、似た境遇の子どもたちがくじけることなくそれぞれの場にあって、誠実に生きていることをつぶさに実感することが大きな明日への力となっているのだという。園児の何人かがその経験を私にも生き生きと語ってくれた。

＊

毎年、夏休みになると、舞鶴学園の子どもたちは先輩から受け継いで、誰言うとなく浮島丸殉難の碑の公園の草取りと清掃に自発的に出かける。

人生の重荷を負わされた子どもたちのわが身の不幸をかこつにとどまらないこの営みに、質の高い国際交流の姿をみる想いがする。

それぞれの春

きちんとした楷書で宛名が書かれた封書が届いた。差出人の名前に記憶がない。ときおり、未知の読者の方からいただくことがあるが、それだろうか……。

「……二十九歳になりました……。曲折ある長い道のりでしたが、ようやく元気になれて、念願の○○大学の理工学部に入りました。相変わらず口べたです。でも、身体の不自由な方に役立つ道具の開発、製作をやりたいと考えています……」

そう、発達障害を抱え、小学校ではひどいいじめに遭い、長く「自分とはなにか」「人との関係の持ち方」に思い悩み、生きにくさを抱えて成長期を過ごしていたあのK君だ。気持ちのこもった、簡潔な文章の行間から、これまでの容易には言葉に尽くしがたい努力の日々が想像された。

養護施設K園の卒園と高校卒業を目前にして、U子さんが訪ねてきた。昼間は食料品店で働き、夜間は調理の専門学校へ通うことに決まったという。U子さんを他の園生たちと共に初めてわが家に招いたのは、小学校二年生の夏休みだった。家族についての何の手がかりもないU子さんは、影が薄く、友達に諸事押され気味であるように見えた。皆が声をあげて大笑いするときでも、伏し目がちに声を立てずにそっと微笑んでいた。

少しでも自信が増すのに役立てばと、彼女がかねてから作ってみたいと考えていたハンバーグ作りを手伝った。味も盛り付けもなかなかの出来映えに仕上がり、皆から感嘆されたときの、はにかんだ、でも嬉しそうな表情が印象的だった。あれから十年余、彼女は次第に素質を発揮するようになり、専門学校入学時には成績優秀の奨学生に選ばれたのだという。

「将来は病院の厨房で働きたい、いろいろ制限のある生活の中では、食事が少しでもおいしく楽しめるようであってほしいから……」。U子さんは活き活きとした、遠くを見つめるような眼差しで語った。

長くひきこもりを続けているBさんのお母様が来訪された。

「今年もBは入試の願書は取り寄せましたが結局入試会場へは行けませんでした……」

昨年の春、「入試も就職も、両方トライできなかった……。船に乗り遅れたような気分、岸壁にぽつんと一人立ちつくしているような、どうにもできないような、些細なこれというほどでもないことなのにすぐイライラする、時間が空しく流れていく……」とBさんは肩を落として語っていた。

今年の落ち込みはさらに深いであろう……。

ところが意外にも、落ちついた様子でお母様はおっしゃった。

「不思議です。時間には暦の時とその人の時があるのだ、と今年の春、何か納得した気持ちで思うのです。確かに暦をはじめ、約束として、あるいは社会通念としての決められた時間、つまり制度化された時間に従って生活していくことは当然です。でも、人が成長し、いろいろ変わっていくその〝時〟は、その人の個別のもので、一様ではないのですね……。

私はBが小さいときから、いつも急き立てて、何事にも課題を先んじて示してきました。はじめは期待通りに私のテンポに合わせて、何でもよくできる良い子であったBが、次第に呼吸が合わなくなり、気持ちの通じ合わない、そしてここ数年はろくに口もきかない、という状態になっていたのです。ところがこの春ようやく、Bは自然に私に話すようになりました。少しずつだと思うのです。Bのテンポを大事にしようと思うのです。あの子を信じたい、と今、自然に思います」

＊

そうなのだ、その人、その人の時、時熟ということも大切なのだ。捲土重来を期する春もある。人の生の春は一様ではない。その人、その人の必然の時がある。自分なりの時をその人なりに生きて迎える春、密かにこころの中で、それぞれの春が次のよき時のめぐりにつながりますように……と祈る。

時間感覚と将来の展望

　一年あたりのわが国の書籍の新刊出版数は世界第二位だと聞く。書店の書棚を次々と刊行される新刊書が入れ変わっていく昨今とは違って、私の小・中学生時代は単行本の新刊数も、雑誌の種類も少なかった。そのうえ、雑誌は薄くてすぐ読み終わってしまう。そこで自然に、手許にある本を雑多に手当たり次第に乱読した。

　今日のように海外旅行など容易には叶わなかった時代のこと。地誌の本を読むと臨場感をもって遠い異国を旅しているような気分になり、その地の空気の香りや、街の雑踏、ざわめきを、時には果てしなく広がるかに思える荒涼とした凍てつく山野や、砂漠の光景が頬にあたる熱風の感覚を呼び起こして思い浮かんだ。歴史書を読むと、あたかもその時代のある街角に佇んでいるような感覚、時には戦火を逃げまどう市民の一人になったような気分、大きな時代の転換を前におののきと期待を抱く心持ちなどがした。発明発見物語は、その発明家が自分の着想を試行錯誤を経て形にしていく過程に同行しているような気持ちでわくわくしたりしたものである。テレビなどない時代であったから、なおさら想像の世界はいきいきと広がったのであろう。

一方、教科書に抜粋採用されている文学作品は、清く・正しく・美しく、といった趣が底流をなすものであるように思われるのに比較して、日本文学全集や世界文学全集を読むと、世の中の不条理、人間の性《さが》の弱さ、哀しさ、醜さ、はたまた純粋さ、健気さ、崇高さなどが劇的に、あるいは静謐にしかし的確に描き出されていて、惹きつけられ、そして、時にはっとして、平素の気持ちや考えに何か刺激の雫の一滴が落とされるようなことが屡々あった。


ドフトエフスキーの『罪と罰』を読んだときのこと。ラスコルニコフの説く哲学は全く私の納得の枠を超えていたが、彼に向かって正義を説いた清純なソーニャが、酷寒の流刑地シベリアまで彼を追って移り住み、七年の時がようやく過ぎて、出獄したラスコルニコフを迎えたその瞬間、「七年が七日間として感じられた」と言う記述には本当に驚き、そして強く納得した。

時間はその物理的量に必ずしも比例せず、その時間をどのように体験して過ごすかによって、その意味はさまざまに違ってくるのである。ナチスの収容所では、目的もなく石の移動を囚人に命じて、石の小山ができると、それをまた元の位置に小山となるよう運ばせ、さらにそれをまた先刻の場所に小山となるよう運ばせたりしたという。意味の感じられない労働に、囚人たちは体力の消耗にも増して、達成感のなさにこころが壊されたのだという。

その時間の体験がもっている性質、その時間での活動をどう受けとるかという人の要因、人の抱く希望のありようと時間感覚の関係などなど、それ以来、時間感覚を考えることは人や物事を理解するのに大切な指標であると、私は臨床場面などでも、意識してきた。

今日までの時間を、その子どもなりによい人やよいこととの出会いに恵まれて自分を恃《たの》むことを身につけてきた子どもは、自分の歴史を連続性を持ったものとして感じ取っており、将来を思い描こうとする未来への時間感覚を、表現こそ違え、一様に持っている。その子どもなりの成長への希望がある。

一方、これまで多くの傷つき経験をしてきた子どもは、自分のこれまでの歴史が寸断されているように感じていたり、ある期間、途切れて虚ろなものだと受けとっている例が少なくない。そして多くの場合、「先のことなど考えられない」「大人になることは怖い」「大人としての責任をとることは難しい、このままでいたい」「自分に未来なんてない」などと語る。往々にして、そういう子どもたちにとって、場面が展開して次に移ることについていくのは難しい。

これまでも次々に辛いこと・怖しいことを経験してきて、今のこの状況が変わって次の状況へ移ると、ひょっとしてもっと恐ろしいあるいは悪いことが待っているかもしれない、と意識的無意識的に思ってしまうのであろう。決断がなかなかできず、意思表明がはっきりしない、てきぱきと目標を描いて行動できない、そんな振る舞いをする子どもは、これから先を見通せない、期待が持てない、それどころか怖れや不安を抱いているのである。

かつては考えられなかった大きな社会構造の変化、目まぐるしい技術革新、価値観の多様化や変動、そうした中にあって大人もたじろぎ、時代は閉塞感に包まれているようではある。だが、そういう状況であるからこそ、大人は子どもに対して正直に誠実に、手を抜かず、しかも過緊張にならず、ユーモアの感覚を失わずに対することが必要であろう。

＊

養護施設を卒園して、これから社会へ旅立とうとする子どもたち。かつては、その子どもたちの責任ではないのに、家族と共に暮らすことができず、施設に入所した頃はこころ傷ついていた人々であるが、彼らは一抹の不安を抱きつつも自分なりの未来のあり方を思い描き、相応の自信を抱くようになっていた。成長した子どもたちを前に眩しいような想いを抱きながらたずねた。

「将来を思い描けるようになったのは、皆さんそれぞれの力と努力ね。その他に何かある？」

「学園での美味しい食事、安心してほっとしたこと、誰かが自分をちゃんと見ていてくれる眼差しを感じたこと、さり気なく声をかけられ一人じゃないことを実感したこと……」

そう、その子どものこころに添った眼差しを送れるような大人の存在、それが子どもに未来への肯定的時間感覚をもたらすのであろう。

第四章　「養育」から、すべての子どもの「育ち」を考える

もの、こと、人との関係性の中に立ち現れる感性

言葉の貧しい生活

「感性が大切」とか、「あの人の感性は破格にすばらしい」などと平素、「感性」を自明の言葉として使っている。改めて『広辞苑』を引いてみる。「感性　①外界の刺激に応じて感覚・知覚を生ずる感覚器官の感受性。②感覚によってよび起こされ、それに支配される体験内容。従って、感覚に伴う感情や衝動・欲望をも含む。③理性・意志によって制御されるべき感覚的欲望。④思惟の素材となる感覚的認識」とある。ここでは④について考えてみよう。

感性が働くには、「神は細部に宿る」というが、小さなことにも気づくこと、緻密な観察眼などが要ろう。そして、気づく営みがよく機能するには、心身のゆとりが求められる。さらには、感性のよきモデルに多く豊かに出会う機会が必須なのではあるまいか。

近年、一般に人の感性が鈍った、自分が受ける刺激については敏感でややもすると被害的に大げさに受けとるのに、反面、自分の行動が他者や周囲の状況にもたらす影響については鈍感ではないか、という声がしきりである。高価とおぼしき最新ファッションに身を包み、入念にお化粧した麗人（この言葉自体が死語？）が人に突き当たっても知らんぷり、容易に人為では作り出せない美しい山間の湖水際にけばけばしいロッジやどう考えても風景とそぐわないギンギンした音楽が流されていたり、こういうちょっと鼻白む経験は列挙すればきりがない。

また、情報機器のめざましい発展によって、私たちは文明の利便さを享受するようになっているが、この利便さは、肯定的影響のみを我々人間にもたらしてはいないようだ。インターネットやテレビをはじめとするさまざまな大量のあふれるような視覚情報を知らず知らず受け身的に受けとる生活に私たちは慣れている。多くの知識を持ち、実体験を伴わないがさまざまなことを識っていると、私たちは自ら思いがちである。

ところで、受け身的に視覚情報を受けとっている状況というのは、あまり緻密な観察や、その結果得られる対象に対して、能動的に思考を巡らすということはしないのではなかろうか。つまり、受け身的で、あまり深く的確に考えない、という状態になっているのであろう。そして、映像を中心とする視覚刺激は直接的に感覚的に伝わってくるので、もうそれで、「そうなのだ」というわかった気持ちになりやすい。内面で、こうであろうか、いやそうではないかもしれない、では……、「なぜ」といった思考を巡らせる過程が少なくなる。思考を深めないということは言葉が分化せず、貧しくなっていくことである。語彙の乏しさ・貧しさは、対象を捉える際の的確さ・緻密さを損ない、大味・平板となるのではなかろうか。言い得て妙、というようなそれを措いては他にない、といったメタファなどが用いられる素地は乏しくなる。なにより、言葉の貧しい生活からは、人やことを正確に深く理解し汲み取るための感性は育ちにくい。

便利な生活

昨今では「自動的」にことが運ぶ機会が増えた。部屋の空調は人の快適さに合わせて設定されている場合が多い。天気予報は日中の気温や気象の変化を事細かく予測して、雨傘やジャケットの用意を促してくれる。人が自分の皮膚感覚や視覚情報をもとに、気温に合わせて衣類を調節したり、空模様を自分自身で判断して外出の準備をするということが減った。環境は自分に都合よくあるものだ、という意識があまりにも強くなりすぎると、自分で観察し気づく、それを元に自分の行動を調整する、という人の機能は衰退するのではなかろうか。

お金を出せば必要なものが手に入るという生活も、感性や感覚を研ぎ澄ませ、働かせる機会を少なくしているかもしれない。いまやカブトムシは、多くの場合、店頭で買うものになった。早朝、林で露に濡れて散り敷く落葉のあたりをそっと窺い観察し、抜き足さし足で近づき、狙いを定めてカブトムシやクワガタを捕まえるなどということも減ったのではなかろうか。虫をただ飼育する楽しみのほかに、もろもろの条件を考え合わせて捕まえる過程には、楽しさのほかに、観察して、機敏に感じ取る感性が育ち磨かれるということが含まれていたはずである。

料理も、電子レンジにメニューに応じた目盛りがついていたりして、そこそこの平均的な茶碗蒸しが失敗なく出来上がる。器の特徴や具材の量や性質、火加減などをその都度考え合わせてちょっとおののきながら調理することも減った。何気ない日常生活の暮らしの変化は、人の感性のありようの肌理《きめ》を粗くしているように思われる。

灯火もほの暗く、食物をはじめすべてが簡素な暮らしをしていた古《いにしえ》の時代の人々は、多くの制約の中にあったからこそ、かえって小さなことにも敏感に気づき、一見ささやかなことやものにも意味を感じ取り、慈しんだのであろう。飽食してメタボになることを案じ、ジムのマシンの上で人工的にランニングしたり、発汗のためのスーツを我慢して着用するというような昨今の傾向には、何かおかしな矛盾を感じてしまう。

「本物」との出会いと感性

さて、いたずらに感性が削がれたり、育ちにくい環境下にあることをあげつらうのみでは仕方がない。現代文明のもたらす利便性を享受しながらも、人の感性を摩耗させず、育てるには、どんなことが望まれるであろうか。人にはもともと感性の素地がある。ことに子どもには出会いによって、感性が育つ可能性が多いのだ。大人は子どもたちに文明の利便性を享受させながらも、「本物」との出会いを多くもてるように考えさせたい。また、バーチャルな体験ばかりでなく、実体験を楽しむ機会をさりげなく自然にもうけたい。そして、子どもの中の感性の小さな萌芽を、傍らにいて大切に気づき育てる大人の存在が望まれる。

現在、社会的養護を必要とする子どもたちの半数以上が被虐待経験を持ち、そういう子どもたちのこころは傷つき、自分自身や世の中への不信感に喘いでいることが多い。こういう子どもたちについて、愛着障害を持つ、あるいはパーソナリティの障害を持つ、と語られる場合が多い。だが、とかく類型化して（こういう発想は目的によっては必要だが、基本的に人は一人ひとり個別化して出会いたい、と私はかねがね考えている）捉えられがちな子どもたちの中にすてきな感性の芽があることに、はっと気づかされることを多く経験してきた。

社会的養護児童と呼ばれる子どもの多くは、こころの基底に基本的な不安を強く抱いているのではないか。「自分は存在していることを期待されていないらしい」「自分には心身ともに居場所感覚がない」「自分は人から受け入れられない」という基本的不信感や茫漠とした拭い難い不全感を持っている。こういう子どもたちは、自分の責任ではないのに、人生の始まりから生きることへの希望や喜びを奪われている。

人が生きていくときに必要な要因は、配慮の込もった食事、「この他ならない自分」という感覚を自然に会得できるよう配慮された生活の仕方が必要である。例えば、肌着を独自のものとして用意されないなどということは、仮に本人にははっきり意識されない場合でも、人としての自尊心を著しく損なうことであろう。質素であれ、清潔なその個人専用の肌着を身に着けること、それは外見を飾ることなどとは全く意味が異なる自尊心の素ではなかろうか。

ある乳児院で、まだ自分の名前の字が読めない子ども一人ひとりの肌着に、その子独自の色と決めた蝶結びのリボンを肌着に縫い付けて着用させ、「一人ひとりの子どもが、自分はかけがえのない自分だという感覚を大事に持ってほしい、と願っているのです。何でもないことのようですけれど、基本だと思うのです」と園長先生が話されたのを想い出す。

十歳のA君はほとんど天涯孤独という境遇にある。学校は長期にわたって欠席が続き、「死にたい」としばしば口にして、何に対しても無感動・無気力なのが、養護施設では心配されていた。ある日、私の家の最寄りの駅まで施設の職員の方に見送られて、彼はわが家を訪ねてきた。こういう状態でよく訪ねてくれた、と私は素直に嬉しく思いながら招じ入れた。

表情を押し殺して身をもてあますように居間の中を伏し目がちに見回していた彼は、ピカソの複製画「ドン・キホーテ」に視線を釘付けにした。やせ馬にドン・キホーテが跨り、傍らに小柄なサンチョ・パンサがロバに乗って侍っている、という構図である。

「下手くそだけど、不思議な絵だね、なんか見ちゃうよ」。〈うーん、そうよねえ！〉と、内心私は感じ入って呟く。

「この槍を持った痩せた人は悲しそうだけど、でも何か一生懸命だ！」

私は驚き、感動してしまった。彼の表情を見ながら、一方的な講釈にならぬように注意しつつ、画家としてのピカソがどんな人であったのか、そしてスペインの作家セルバンテスが書いた『ドン・キホーテ』の粗筋について話した。A君はドン・キホーテが理想を追い求めるところにいたくこころを動かされたようであった。そして、下手な絵（彼のピカソに対する評価）なのに、主人公の特徴がわかるように描いているところが面白い、と言った。素敵な感性である。彼がスペインはどこかと尋ねるので、世界地図を広げつつ「A君の学園の建物の瓦屋根はオレンジ色よね、あれはスペイン瓦というのよ」と私は話した。さらに〝スペインという国を訪ねたこともない遠い東洋の日本の、それも生きる時代を四百年近くも異にする子どもが、自分の書いたドン・キホーテの物語に引き入れられたとセルバンテスが知ったら……。また、ドン・キホーテを見事に絵に描いた画家が存在したことはなにか意味深く思われる。そして、この絵を見て意味を感じ取ったA君も素晴らしい〟と私は呟いた。

彼はちょっとはにかみながらも、顔に精彩が宿り、「絵を描きたい」と小声で言った。実は、いつも無感動だと言われていた彼と一日をどうやって過ごそうかと、私は内心少しばかり案じていたのだ。A君は私にも画材を勧めて、絵を一緒に描こうと言う。私は彼をスケッチした。

「何か、賢そうじゃん、俺じゃないもん……」「いや、ほんとのA君を描いたつもりよ」

「？・？・？・」

彼は戸惑ったように、つつましく嬉しそうに笑った。そして、私に学園の建物や担当職員の顔を描くように所望した。私はうろ覚えの学園の記憶を頼りに拙い絵を描いた。

「若すぎるよ、もっと○○先生には皺がある。でも、優しい感じはいい……」。彼はそれらを今日のお土産にするのだと、紙ばさみに挟んだ。

夕食後、A君を迎えに来た施設職員の方は、彼のその一日の過ごしように驚かれたようであった。その後彼は、描くことを通して職員と気持ちを通わせ、次第に元気になっていったという。ピカソの絵を「下手くそだけど引きつけられた」と言うA君の言葉には思わず微笑んだが、いわゆる本物の持つ力、それから大切なことを受けとったA君の感性、これには本当に感動した。

＊

人には誰しも感性の素が備わっている。その萌芽に気づいて、それを子どもが歓びと自信をもって発現できるような、対象となる人との出会いや関係のあることが望まれる。

そして、子どもがモデルとしたくなるような感性を私たち大人は持っているか、また、自分の感性をよりよいものにするべく磨くことや振り返りを忘れていないか、ふと立ち止まって考えてみたい。

自分や世界を信じること、親を受けとめること

社会的養護児童にとっての親との関係

　多くの社会的養護児童にとって、自分の親や家族とどう向き合い、それをどのように自分の胸中に受けとめていくか、さらには受け入れられるようになるか、これは大きな課題である。子どもたちがこの容易ならざる過程を進みながら成長していくために、子どもたちと生活を共にして養育の営みに携わる専門職者には、どのようなかかわり方が求められるのであろうか。

　端から見て、不適切なかかわりばかりをしてきたような親について、第三者の念頭には「あの親に望んでも無理……」という想いが、つい、よぎるかもしれない。しかし、人の存在は基本的に親によって規定されている。子どもは親から生物学的要素を受け継いでいる。そして、親子の関係は胎内にあるときから既に始まっていることが近年では実証されていることを考えると、人にとって

親は、自分の存在を生物学的にも心理的にも、根幹を規定する大きな存在である。自分の基底になるものを否定していては、人は自分の根本が危うくなるようなおぼつかなさを感じ、本来は大人としてのモデルを親の中に原型として見いだすはずなのに、それが不十分では不安になろう。どのように育っていけばよいのか、子どもはいくばくか戸惑いをおぼえるであろう。ともあれ、人は終生、「誰かの子どもである」という位置関係を有しており、親は子どもの存在の根幹を、生物・心理両面から規定しているのである。

さらに、大人にとっての日々は格別の状況があれば別ではあるが、一見、毎日を同じように体験しているのではなかろうか（今日の「今」という時間は一回限りの時間であり、本当は誰にとっても日々新たというのが事実だろうけれど……）。ところが成長期にある子どもにとっては、日々はこの世で初めて見聞きし触れる経験の連続であろう。したがって、日々新たな体験をしている子どもの傍らにある大人がどのようにかかわるかは、子どもの人としての心身の成長にとって大きな影響をもたらすことになる。

アベロンの野生児のように言葉のない世界で育つならば、人であっても言葉を話さず、二足で歩くことすらできなくなってしまう。まして、人を大切に想う、人の気持ちを想像して思いやる、汲みとる、辛い状況にある人に寄り添う気持ちを持つなどという高度な人間的な気持ちであれば、一層そのような心配りをしてもらう体験を通して、人はそのような高度な能力を会得していくのである。幼少期から人から愛されたことがなく、人として相手の気持ちや立場を想像して痛みをわかってくれるという人に出会わず、むしろさまざまにネガティブな体験をさせられてきた子どもたちにとっては、他者を慈しむ、他者の心の痛みを察するなどということは極めて難しいことである。多くの社会的養護児童は育ちの過程で、このような人としての基本を、体験を通して会得する機会に十分恵まれなかったのだ。

児童養護施設の養育の営みとは、本来は親から受けるはずの「自分の存在を全面的に肯定され、愛情あるかかわりを通して、人としての行動を子どもが体験を通して会得していく経験」を、親に代わって、日々の生活の積み重ねを通して子どもたちに伝えていくことだといえよう。

さらに、人としてのあり方を子どもが会得していくように育てながら、人の存在の基底をなしている自分の親を子どもがどう受けとめ、自分の胸にどう納めていくか、この過程を子どもの一人ひとりの状況に即して進めていくのも社会的養護の養育課題である。

親を受けとめるということ

人の精神が形成されていくのに親や家族関係が基盤的な意味を持つことは、普遍的事実である。子どもと親や家族との関係の再構築や修復の過程は、文字通りそれぞれ個別的事情を理解して、無理なく当事者たちのその時その時の気持ちや生活状況の状態をよく理解し、受けとめ、よりよい方向への展開を願い、促し、支えながらも、その営みが指示や指導じみたニュアンスを帯びたものになることは好ましくない。当事者のその時その時の状態や心情を理解したうえで、子どもと親や家族との関係修復や再構築は背景要因を考えながら、当事者の主体性や自尊心を脅かさないように進めることが大切である。

重く厳しい大切な現実に人が向き合うためには、「事実の告げ方」などというマニュアル風の手続きに沿うだけではなく、個々の事情に合ったこころを込めた親や子どもに対するかかわりの積み重ねが、人のこころを成長させ、事実を認めることを可能にするのだ。不足するところが目立つ親の来訪を、「よくいらっしゃいました」とこころから言えるその姿勢を自然に持てているかを自問していいたいと思う。

子どもとして親や家族に受け入れられ愛されたい、家族の一員として平穏な温かい家庭生活を切望しつつもそれが叶わない子ども、すなわち、淋しさ、哀しさ、憤り、悔しさなどでいっぱいの子どもに対して、親の事情を安易にさもわかったように説得調で話して聞かせるなどということは、時として子どもが「なんだ、自分の気持ちをわかろうとしてくれないんだ……」と思う可能性が高い。

まずその子の理解力や思考力、精神的に安定しているか、一方、親や家族の事情の特質と困難度はいかほどであるのか。こういったことを全体的に見て当事者それぞれが自らに纏《まつ》わる問題をどれだけ自覚し、それを引き受け、解決していく力を持っているのか、などという個々の事例について総合的理解、アセスメントを的確に行ったうえで、一人ひとりの子どもに即応した語りかけ、働きかけが可能になる。

さらに、自分の親子関係について、子どもが戸惑い、抱えきれず、不安や苦悩、怒りや哀しみに取り憑かれて大きくペースを崩さないように、そして、自分に纏わる重い問題をただ避けるのではなく、その時その時、器としての自分の力に応じて受けとめ考えられるように、傍らにあってその名状し難いであろう胸中を察し、その子どもを支えていくことが大切である。一人ひとりの事情、状態に合わせた語りかけ、説明の仕方を十分検討してこういう場面に臨みたい。

なお、ここで大切なことは、子どもに重要なことを伝え、それを子どもが受けとめるには、前述した全体状況の的確なアセスメントに基づくことに加えて、日々の生活をともにするなかで、子どもと施設職員との間に信頼関係が培われていることも不可欠な要因である。

親に対しての施設の役割

社会的養護児童が自分の親や家族を自分の胸中に受けとめ、そしてやがていつかは受け入れられるようになる、ひいては自分という存在を本当に自ら肯定し、この世を基本的に信じられるようになる、という大きな課題を解いていくために施設が果たす役割とは何であろうか。

まず、家族との関係構築がある。日々の養育の実践が、質が高く、よく考えられ、その内容がきめ細かに諸事に行き届いていることが基本であることを知って親は安堵し、施設に信頼を寄せる。これが親や家族への支援を支える基底である。

そして多くの親は、育児に失敗した人、諸事に劣る人と見なされて、著しく傷つき自信を失っている。このことに気づき、親なりの努力や可能性に注目して、親自身が人としての自信や希望を取り戻せるよう、施設のさまざまな職種の職員がそれぞれの専門性を発揮して、親を支える支援体制をつくる。こういう、よいチームワークに出会い触れること自体が、夫婦、親子でもよい関係が結びがたい、信じ合えないという思いを抱いてきた親や子どもにとって、「人は信じ、支え合えるのだ」という気づきと希望をもたらすことになるのではあるまいか。

職員それぞれの専門性がよい相互信頼と協力体制の下で効力を現すことで、極めて難しい事態をも子どもがなんとか受けとめていけるようになる可能性が生まれる。職員各自が優れた技術や知識を持つうえに、他職種間に信頼協力関係があること、時には柔軟にある役割を他の職種が適切に補完するような信頼に裏打ちされた互換性も施設現場では求められよう。

自分を受け入れ尊重する基盤とは

人は親によって、生物学的存在として、また精神形成の根幹のところから自分の存在のあり方を規定されている。そして、人は終生「誰かの子ども」という位置関係にある。人にとって、自分の親や家族とどう出会うか、次いでどう向き合うか、どう受けとめるか、そしてどう受け入れるのか、この一連の過程をたどることとは生涯の課題である。種々の一言では言い尽くせないさまざまな条件がありながらも、善きことも悪しきことも含めて、そのあり方を必然のものとしてありのままにどう受け入れるのか、人のライフサイクルにはこの過程が通奏低音の課題としてあるのではあるまいか。

自分の親子関係、家族との関係を考え、どう受け入れていくかは、人が「自分自身」という内面に持つある種の自信にも似た感覚の成熟に大きく関係している。この大きな課題達成に際し、社会的養護の子どもたちの多くは、始めから負荷の多い厳しい道を歩まねばならないのだが、児童養護施設が一人ひとりの子どもの特徴や背景事情を理解して、日々の生活の中にその理解の内容がさまざまな職員の協調協力によるかかわりの中に活かされていくことによって、子どもたちはそれぞれその子どもらしい成長過程を進んでいけるのであろう。

一見何気なく見える児童養護施設の日々の生活だが、そこに思慮と創意工夫が込められること、さらによい継続性が維持されることによって、実は、子どもの成長にとって大きな役割を果たしているのだ。

養育を担う人

古くは、人のさまざまな行為は、生存・次世代育成のために生活のなかで日々の営みとして行われた。食事の用意、食材調達、衣類の製作、その素材調達、洗濯、病の手当てや養生などなど……。時の推移の中で人はよりよい利便性を求めるようになる。次第に文明は発展し、人の生活は社会化されて制度化が進んだ。経済原理が働くようになり、元は家族・家庭生活の中での営みや技は次第に高度に分化・発展し、家庭の中の営みから「知識」「技術」を使う「仕事」、やがて「職業」として、家庭生活の外での仕事として分化し、さまざまな職業が生まれた。

さて、社会の中の人間関係は、契約によって成り立つ基本的に合理的なものである。これに対比的なのが、家庭・家族の中の人間関係の特徴である。例えば結婚式で、「病めるときも健やかなときも、貧しきときも富めるときも変わらず相手を慈しみ大切にする……」と言うが、これは利害得失の計算を超えた非合理の愛情を基底にした関係である（現実にはこう運ばない例は少なくないが……）。家庭・家族の関係の中には、無償の愛情があると想定されている。このことが家庭的とは何を意味するのか、何が期待されているのかという問いを考えるうえで一つの留意点になろう。

家族関係の特徴

子どもたちと生活を共にするということは、「養育を担う役割を持つ人」という表現から浮かび上がるように「明示された目的に沿って、専門的機能を発揮しつつ、所期の目標達成にむけて働く専門職者」とされる存在の仕方に加えて、「専門職者として職場以外の場にいる市井の私人、自由に素《す》の自分でもある人」という特質が加わることになる。素の自分、ありのままの自分を素直に現すことを容易にする。

家族関係の中では、素の自分、ありのままであることは、率直で正直なコミュニケーションがより生じやすく、相互理解が深まりやすいという特色がある（一方、自分自身という存在が長短両面おのずとあらわになる難しさもある。率直になる覚悟も要ろう）。

実際に養護施設でわずかではあるが、生活場面に入らせていただいて子どもたちと行動を共にする、あるいはわが家に職員の方や子どもたちを招いているときは、私も含めて皆がそれぞれ意図的にそうしようとしたわけではないのに、より素の自分が自然に現れ、話がより正直な内容になったり、相手の意外な潜在可能性に気づいて、自然にことが生産的な展開に進むということも少なくない。もちろん、相手や状況、自分がどこまで責任が持てるかなど、いわゆる責任性と適切な距離感の維持を意識して、バランス感覚を失わないように留意することは必須ではある。

家庭的養護とは

施設運営に際しては、男女別々の舎、男女混合の両方がある。人が生活し、育っていくうえでどうあることが自然で望ましいのか。一方で、ある種の秩序の維持の大切さも考えねばならないなど、それぞれの施設は多面的に考えられ、その施設の方法を選択されているであろう。そのなかで、児童や職員の担当の組み合わせ、小規模ホームのメンバー構成についての配慮、グループの運営方法についての工夫の如何が、小規模ホームの特質を発揮するための大きな鍵である。ただ少人数制だからよい、とは単純に言えない。

家庭的養護とは、家庭に近い環境・個別の部屋、少人数の生活など、物的条件が家庭に似て充実することだけを意味しているのではない。そこで子どもたちと職員とが、どういう人間関係を築いて、どういう点を大切にしながら、常に状況を相対的視点から振り返りつつ、日々の施設での生活をどういう工夫をしながら営み展開していくか、歩みながら考えることが必須である。

児童養護とは、それぞれの職種が自分の専門性を充分に活かして子どもたちの日々の生活を支えていく、継続的に支援する、人生を担う仕事である（これは、生涯にわたり物理的に支援するという狭義の意味というより、子どもが生きる歓びと誇り、自負心と責任を持って自分の人生を享受し全うするその過程の基底というような意味であろう。それほど重い大切な仕事である)。

また、児童養護施設には、子どもにとっては生活の場であるが、大人にとっては職場であるという二重性がある。施設職員は、理性に裏打ちされた愛情をいかに深く豊かにもつかが課題である。対人援助職者にとって、理性と感性のバランスを適切に保つこと、自分の行為を相対化した視点で考えることが、安定した信頼関係を作り、維持するために必須なのだ。

ついなおざりになることもあって、当の子どもが支援に馴染まない場合など、その原因を十分な検討を行うことなく、子どもの意欲の低さ、はたまた資質が低いゆえなどと、子どもの側の問題のためにことがうまく運ばないと決め込んでしまうようなことは、ぜひとも避けたい。

養育の担い手に求められる要因と課題

①養育を担う人は、まずその人間性、存在自体が、子どもにとってプレゼントとして受けとられるようであること。
②子どもに安心感、安全感を贈りながら信頼される存在であること。しかし、施設の人間関係は家族の関係とは別であることの自覚もいる(換言すれば、深い確かな信頼関係を築くことが大切だが、それは感性と理性のバランスがある愛情、信頼関係であること)。
③常に、自己研鑽を怠らないこと。養育の担い手として、本当に役立つ研修の仕方についての検討が必要である。受け身的座学ばかりでなく、実践に裨益する研修方法を取り入れる。

④人材確保と継続して勤務できる道を拓く。
⑤仕事に誇りと歓びを持てること。

さて、これらの課題に応えていくということは、常に養育の営みを通して考え、実行し、またそれについて反省し検討し、さらに質を高めていくという継続した営みが必要である。それを通して、その回答が質的に向上していくのであろう。こういう大人の常なる姿勢は、よりよく育ちたい、向上したいという、子どもたちの自らの課題意識によい刺激となる。養育者も同じように向上しようと願っている、そうだ大人も子どもと共に生き育ちを続けようとしている、だからつながるところがある、と感得するのではなかろうか。

なお、付言すれば、信じる、愛する、可愛く思う……等という営みは、適切に上質なものとして自分の行為に現すことは容易ではない。昨今では家族の絆は弱くなり、その家族関係について論議がなされるが、実は家族は後述のように元々矛盾した機能を期待されているのである。

家族に期待される矛盾した営み

①成長促進的・教育的である⟺甘える、憩う拠り所である
②家族成員の個性を尊重し、人格を認める⟺社会化され、慣習に則っていく
③家族成員間の緊密な相互関係を維持する⟺成員間の適切な距離を保って、相互に独立を妨げ

ない

つまり、こういう矛盾した機能を状況に応じて、どう働かせるのか。理性と感性のバランス感覚が必要なのである。自分のバランス感覚はほどよく機能しているか、これを考えられることが養育の担い手には求められるのではなかろうか。

＊

こう考えてくると、養育を担うということは、貴重なさまざまなことが統合した形で求められる営みである。昨今、相当に高度と見做されてきた職業も、いずれＡＩが代わると評論記事に盛んであるが、養育の担い手はＡＩが取って代わることができないであろう。養育の担い手には、人間性と、高度にさまざまな理論と技術が統合された生きるための技が必要とされているのだから。

施設と社会性

施設に求められている役割は、真に人の生にとって重要で本質的な課題である。

施設に入所して、子どもたちはまずほっと安心し、求めていた物心両面、とりわけ精神的に「自分はかけがえのない存在で、こよなく大切に思われ世話をされる存在なのだ、この世は生きるに値する、そうだ成長していくのだ」とまず自己肯定感を持ち、生まれ直り、育ち直る過程を歩み始めることになる。やがて施設を巣立ち、社会で自分の資質を応分に発揮し、認められ、つながりを持ち、相応の社会に貢献する働きをもするようになる、というのが望まれる人生の過程であろう。この道程は、実は施設に在園中に個々の子どもの状態に応じて始まっているのであり、この道程を日々の生活のなかに自然に織り込んでいくのが、養育の営みの特質ともいえよう。そのためには、子どもにかかわる職員自身が社会化され、常に淀むことなく進歩しつつあることが必須である。

かつて、いわゆる施設と称される機関は人々の暮らす中心的な地域からいくらか離れていて、近隣のコミュニティ、ひいては社会とのつながりがどちらかといえば淡いものであった。しかし、基本的に人は誰しも他者とふれあい、つながりを持ち、社会の一員として応分の居場所感覚を持って生きるのが本来であろう。

なかでも社会的養護児童の多くは、愛され保護されるはずの身近な人間関係に恵まれた経験が乏しく、自分の存在自体も十分に肯定しきれず、生きる希望、成長して社会の一員になろうという展望を持ちにくい。社会人としてのよい旅立ちの準備は、児童養護施設（以下、施設）の卒園近くなって「さあ……」と促されるのではなく、施設へ入所してひとまず安堵の場で暮らすようになったならば、そのときから、子どもたち一人ひとりの心身の発達状態に応じて培われていくべきはずのものである。

この意味で、施設での養育の営みには、日々の生活のなかで、子どもたちがその成長発達状態に応じて社会とのつながりをさまざまなかたちで経験し、裏付けある自信、生きるための智慧、社会性を身につけられるようになることが含まれている。

社会との接点と連携の展開

子どもは誰しもバランスのある成長の過程をたどり、社会のなかでいつかは自立した成人としてその資質を発揮し、応分のかたちで自分らしく生きながら社会へも貢献していくことが期待されている。そのためには子ども時代に心身の成長の状態にふさわしいかたちで社会に触れ、参加を始めることが必要である。

社会的養護児童は、施設へ措置される以前には、社会に受け入れられ、子どもなりに参入していく経験に恵まれなかった。それ故に、施設では焦らず、しかし、その欠落したところを補って、個々の子どもにふさわしい社会化の仕方を進めていくことになる。養育の営みのなかでも、この部分が円滑に進むには、施設自体が社会と接点を持ち、社会と相互信頼の関係にあることが望まれる。

＊

私はあちこちの施設をお訪ねして、施設が地域社会とのよい相互関係構築のためにその土地の精神風土に配慮しつつ、さまざまなかたちで努めていらっしゃるのを目の当たりにしてきた。

設立当初は地域の理解を得るために苦労、工夫をされたが、やがてその意図するところは地域で理解し受け入れられ、期待を寄せられる組織体になった、という事実を数多く知り、その理解を得る過程は「行い多くして、言葉少なし……」というような経過に感服したことしばしばである。

具体的記述はほんの一部にとどめるが、職員の方々は多忙の本務の傍ら、ＰＴＡの役員、町内会のお世話役を引き受けたり、子どもたちと職員が共に公園の整備清掃を担っていること。また、施設が、共同学習の時間に経済的理由で塾通いの叶わない地域の子どもを無償で受け入れておられること……。その他枚挙にいとまがない。その間の施設の皆様のご苦労はなまじの言葉では言いつくせない。

施設が地域社会の信望を厚く得ておられること、足下が確かになること、これは子どもたちが社会へ巣立っていくときに大切なスプリングボードの意味を持つと言えよう。

心理的支援の理論と技法について

児童養護の場における心理職の仕事は、当然ながら、日々の養育の営みのチームワークにとけ込んで、その効果が発揮されるのが望ましい。最近ではアウトリーチ、連係、チームワークということが、心理職の教育や研修においても取り上げられるようになって、目前の現実課題に応えるには、他職種といかに適切に協同して仕事を進めるかという課題に取り組んでいる。

かつてわが国の心理学の実践は、演繹的で初めに理論や技法ありき、それらを現場でどう使うかと考えることに重点をおく傾向が多くみられた。しかし、現実の課題に役立つには、目前の現実が何を必要としているのかを的確に認識し、それに応えるには自分の専門性を責任を負える範囲でどう適用するか、なぜその方法を用いるのか、ということについて根拠をもって説明できるということが、心理職者としては必要である。つまり、人を支援する仕事とは演繹的ではなく、現実の事実をまず的確に理解して、それに対応する技法を考えるという帰納的な態度が必要なのである。そして、自分の行う支援が相手にどう受けとられているか、役立っているのかということ、つまり、自分の行為を自分の視点ばかりでなく、社会的養護の場でいえば、子どもや保護者がどう受けとっているかという視点、あるいは相対化した視点で考えることが必須である。

心理的支援の理論や技法は、それがいかにも一見切れ味鋭く際立って見えるよりも、社会的養護の場では、日常生活の流れの中に自然にさりげなく織り込まれているようであることが望ましい。このことが会得できていない心理職は、誠意と熱意を持ちながらも何か際立つ技法、プログラムやマニュアルに頼りすぎて現実から浮き上がり、必ずしも当の子どもや周囲としっくりしないということも、時に生じていたのではあるまいか。

子どもの話を聴くということ

「児童養護施設で人権を大切に考える」と言葉で語るとき、それは当然のことと誰しも思う。だが、それを現実生活で具現化していくには、本物の人間性と社会的良識、生きるための智恵と技が求められる。

具体例を挙げるならば、まず「人の意見、気持ちを大切に聴く」こと。これは、構造化された組織の中では、容易なようで案外難しい。組織がうまく機能するには、規則、約束ごとに準拠して個人が行動すれば、当面は、円滑に運ぶと言えよう。ただし、ことがそう運ぶためにはその規則、約束ごとはいろいろな意味で順当かつ適正であることが基本要件である。

子どもたちにとって、毎日の生活の場であり、社会へ巣立っていくための育ちの場である児童養護施設がもつ意味の切実さは本当に大きい。その場がどうあることが望ましいのかと、子どもたちはそれぞれ切実な関心や希望を持っているであろう。

以前、都内某区で区立公園をつくるにあたり、この機会にと新型の遊具をいろいろ考えるうちに、ふと子どもたちの意見を聞いてみようとアンケート調査を試行した。すると、なんと大人の企画にはなかった「穴」という希望がいちばん多かったという。穴は、安全基地をはじめいろいろなものに見立てることができて、可塑性がある。さまざまにイメージを広げて多目的に使え、結果的に楽しい遊びのツールになるのだ。当事者の希望や考えに耳を傾けることは大切だ。ただし当然、子どもの意見を尊重しつつも事故のないように配慮することは必須であるし、子どもの不適切な提案には、納得のいくように説明せねばならない。

話し合う、殊に相手がまだ成長途上にある子どもの話を聴き、その内容を現実生活のなかに活かして具現化していくということは、基本的に素直に相手の話に聴き入り、その内容の必然性、正当性などを適切に判断しつつ、現実と照合しながら思索を展開させねばならない。これは言いくるめたり、説諭することではない。子どもが「自分の存在は受けとめられ、否定されたわけではない、でも知識と経験が足りなかったから、使い方の提案理由が不十分なため、自分たちの意見はそのまま通らなかったのだ……、でもわかった……」と、そこから新たな展開を実感するようなやりとりを私たち大人はできるか、これが問われている。

＊

人が自分に対して〝伝えたい〟という思いを受け入れる姿勢は、単に面接の応答練習を繰り返すというようなことで身につくことではない。人は本当に自分の存在を、ひとまずはそのまま受けとめられ、自分の伝えたい思いを受けとってもらえた、という経験をもってこそ、他者の思いや言葉を受け入れようとすることができるようになるのだ。これは、人が生きていく道程で、受けとり、それを次の人に伝え、与えるというよい伝承の営みがあって可能になることである。

相手に大切に受けとってもらう、受けとめてもらうという営みの基は、人の命がこの世に宿ったとき、誕生したとき、成長発達の道程を歩み始めたときに、親やそれに代わる人との間に体験できることが本来である。だが、その経験が必ずしも十分でなかった子どもたちに、それを日々のさまざまな営み、生活を通して伝えていくのが、養育の営みである。

第五章　講座：子どものこころの治癒と成長

講座1：生きる糧の基盤をつくる

養育の基盤となること

養育とは一見、自明のことに思われる。だが、改めて考えてみると、それは人が生きる基盤をつくる極めて貴重な営みであることに気づく。養育の現場で働いた経験のない私がここで述べるのはおこがましいとの思いが強いが、育てるという営みには、他者への働きかけばかりでなく、同時にその営みをしている自分自身への問いかけを常に行うことが、おのずと基底に求められる。私もこの機会に、ご一緒に考え学ばせていただきたいと思う。

二十世紀半ば以降、人権や平等は当然のことと考えられるようになった。だがそれは理念としてであり、現実にこの世の中の人の生には不条理がつきまとう。まず、人は生まれるとき、性別、顔立ち、身長その他身体的特質、どの民族か、誰を両親として生まれるか、どういう家族の一員になるのか、生活する地域、国籍など、自分の存在の根本を規定する要因を何一つ自分で選ぶことができない。生まれるとき、既に親を知らない、失っている、あるいは心身の障害を抱いている、などという苛酷な条件を担っている人もある。一方、銀の匙をくわえて生まれてくるとはこういうことか、と思うようないろいろな意味で恵まれた条件のもとに生を受ける人もある。

社会的養護の場で出会う子どもたちの多くは前者である。本人自身に何の責任もないのに、なぜかくも苛酷な条件をこの子は担わなければならないのか、と息をのみ、切ない思いがする。「分かち合う」ということがよく言われる。しかし、苛酷な条件を担わされたその子の重荷を分担するとか、誰かが代わって担うということはできない。人は自分自身で自分の人生を生きなければならない。

自分を保護し慈しみ育んでくれるはずの親との愛着関係が満たされず、この世や自分自身について不信感でいっぱいの子どもたち、生きていくことに歓びや希望を見いだせない子どもたち。彼らは、内に抱える適切に表現できない怒りや悲しみ、苦しみ、屈辱感を大人が対応に苦慮するような激しい行動上の問題や症状を通して投げかけてくる。そこに私たちは時にたじろぎ、立ち尽くしてしまう。こういう場合、私たち大人は、どのような状態であれまずひとたびはその子に対して、「あなたの在ること自体が大切なのだ、かけがえのない存在なのだ」とこころの底から思うことができるかという、本当に難しい本質的問いに遭遇しているのだ。

大人は概してあまり意識していないが、「○○ができたら、本当によい子」「○○だから、よい子ね、感心」というように、平素、条件付きで褒めたり認めることが多く、無条件で「存在自体が尊い」と意識することは少ないのではあるまいか。養育の尊さ、難しさは、基本姿勢として、子どもに向かったとき、まずひとたびは「存在すること自体が尊い、よく生き延びてきた……」とこころの底から思うことが求められるということである。

受けとめるという行為を支えるもの

自分の中に立ち上りかける不安・苛立ちを少し括弧に入れて、かかわりに苦慮させられる子どものこれまでの生い立ちを思いおこしてみよう。その状況を臨場感をもって想像してみよう。すると胸の奥が痛むような何とも言葉にしがたい切なさが湧き上がってこないだろうか。その年頃の自分を思い出してみよう。別に毎日が笑い転げる楽しさの連続でなくとも、自分にこころを寄せてくれる人たち、楽しい、面白いと思えることがいろいろあったのではなかろうか。

自分と目前のその子との違い……。そう、自分は人間関係という網目の結び目の上にしっかり場所があったのだ、目の前の子はそういう人間関係の網目からこぼれ落ちたり、はじき落とされてきたのだ。その辛い状況をよくも生き延びてきた……。自分だったら、もっと大きく態度を崩し、自棄的になる程度も大きいかもしれない。その子のこれまでの状況に、自分自身を想像の中で置いてみよう。静かな感動と敬意にも似た気持ちが愛しさと入り交じって、目前の子どもに対して湧き起こってくるようであろう……。すると、目の前の子どもをその好ましくない行動をも含めて、今の必然として受けとめる心持ちが生まれてくるであろう。

私たち大人は、養育の技を磨くために新しい理論や技術の習得に努めねばならない。そして、同時に、自分が子どもの存在を本当に受けとめられるか、自分の在り方を問うていなければならない。これは実際には辛い厳しい営みである。この姿勢を維持するには、自分が今日までいかに多くの人やことどとの関係の中で支えられ、活かされてきたかを謙虚に思いおこすこと、自分の生を享受していることが望まれる。

自分の生の在り方に触れるということに対しては、多忙さや目前の課題に追われて、これに取り組むことを先送りにしがちである。そして自分に言い訳をしがちである。しかし、これが人へかかわる営みを支えるのである。こうした営みを仕事を通して継続していくには、上司や先輩の適切な導き、同僚同士との支え合いが、ぜひとも望まれる。

受けとめられ、聴き入れられる経験がもたらすものは人が育っていくうえで必須である。自分の言葉をいきなり否定されずに聞いてもらえたという経験、これが人の言葉に耳を傾け、示唆や提案を素直に受け取り、考えてみる、という姿勢を生み出す元になる。

＊

これまでにも、しばしば書いたり、話したりしていることをまたしても繰り返すようで恐縮だが、新しい理論や技法について学ぶことは大切である。だが、いきなりマニュアルや類型化された技法を適用する前に、養育には理論や技法を下支えする次のような基盤が必要であることをしっかり認識していたい。

まず、どのような子どもに対しても、人として遇するという心持ちを持つこと。その子どものこれまでの歴史とおかれている今の背後の状況を想像し考えて、その子どもの行動が今現在はそのようにしかあり得ない、ということをわかること。一見、何気ない日々の生活の中で、子どもが必要とすることは何かを考え、それを提供していこうという配慮が込められていくこと。そして、大人も自分の課題を自覚して、子どもと共に成長しようと努めていること、であろうか。

講座２：子どもの心理的再生を支える

○児童は、人として尊ばれる。
○児童は、社会の一員として重んぜられる。
○児童は、よい環境の中で育てられる。

これは日本国憲法の精神に従い、一九五一（昭和二十六）年五月五日、こどもの日を期して制定された『児童憲章』の前文である。一見、あまりにも自明で当然のことと思われる。だが、その当然のことが現実には実現されていない。二〇一七（平成二十九）年三月末での児童養護施設をはじめとする社会的養護児童のための諸施設に措置されている児童の総数は、四万五千人余である。第二次大戦後まもない頃の社会的養護の子どもたちは、戦災によって親を失う、あるいは親の身体的病、もしくは気持ちがあってもどうにも生活が立ちゆかず家庭養育が困難という理由で、施設へ措置される子どもたちが主であった。しかし昨今は、被虐待経験を持つ子どもが過半数を超え、次の措置理由は親の精神疾患による養育困難、というように社会的養護児童の抱える生きづらさは増し、深刻な状況にある。

十数年前から、私は子どもと家族を対象としていた臨床の活動領域を聴覚障害と精神的問題を合わせ持つ方々や高齢者の施設での心理的援助へも広げ、ささやかながらかかわるようになった。そこには第二次世界大戦後、家族を失い、学齢時に養護施設へ入られ、そこで育たれた方もいらっしゃる。厳しい境遇で育たれたのだが、自らを恃《たの》むものを持っておられたことがその方の生涯を支えてきたのだと、しみじみ感じ入ることがしばしばある。病身で育児のままならなかったお母さんとの、それでも束の間の可愛がられた想い出がずっと支えになっている、ご自身が乳児であったとき、戦死した父親の人柄を称える言葉を周囲の人から語り聞かされ、それが孤児となってからの自分の誇りとなって施設でも学校でも辛いことを乗り越える力となった、など。そういう方々は自分の存在を受けとめ、自負心をもっておられる。ひるがえって、近年の施設措置の理由は、虐待が過半数を占め、他にも親がこころを病むことによって適切に育児ができないというように、人にとって生きるうえでの基盤になる基本的信頼感の形成を危うくするものへと変わっている。

昨今の社会的養護児童に対する養育は、まず子どもが自分自身やこの世への基本的な信頼感を取り戻す、もしくは新たに抱けるように支援するという、極めて根源的というか人間としての基盤を確かなものを築くということから出発することが、第一の課題となっている。換言すると、養育とは人間形成の基盤から取り組むという、尊くかつ難しい営みなのである。

「人としての自分」に気づくということ

人間にとって、基本的安心感の基底は、「自分は独自の他ならない自分であって、そういう自分は生きていてよいのだ。事実、自分は他者から受け入れられ、愛され、大切に思われている。この世は生きるに値するよいところだ」と意識的・無意識的に思えることであろう。母胎に生命の始まりとして宿ったときから、出生を経てその後の心身の成長の過程で、両親となる人々をはじめ、周囲の人々、そして社会から、その存在をよしとして受けとめられ、大切にされて育った人にとって、生きていくうえでの安心感とはいわば当然のもので、あえて平素は意識しないでいる。多くの人は「愛され大切に思われている自分」という意識的・無意識的安心感が日々生活していく基盤となっていて、多少の苦難に出合っても、自分や世界を信じて、何とか自分で対応していこうという勁《つよ》さ（最近、よく言及されるレジリエンス）として発揮されたりもする。

さて一方、親が望まぬ妊娠、経済的困窮、破綻した家族関係、深くこころを病んでわが身すらも持てあましている、あるいは親自身が人として大切に育てられた経験がなく育児はおろか生活の術を識らないなどの理由（多くの場合、これらは輻輳してかかわり合い、事態を一層困難にしているが）によって、不適切な養育、虐待、置き去り、棄児などの行為に及んだ場合、子どもは自分の存在の根幹が覚束なくなる。可愛がって護ってくれるはずの人が、なぜこんな仕打ちを？　と子どもは戸惑い、その苦痛から少しでも逃れ、時には軽減しようとして、自分についてのイメージを歪んだものとし、不適切な感じ方・考え方を会得し、それらを行動に表すようになる。

「こんなひどい仕打ちを受けるのは、自分が可愛くない、何か劣った子どもなのだ！」「親子や夫婦でも信じ合わず不仲なのだから、ましてや他人同士が仲良くしたり、信頼し合うなんてありえない！　人間なんて信じてはいけない」「自分はたっぷりやられたんだから、自分もやって当然だ！」（暴力行為）、「日常生活で開けっぴろげにされて、時には相手もさせられて育った。これが普通じゃないの？」（時・所・位をわきまえない性的な逸脱行為をする……）。

表面の行動が、人を試すような執拗な行為であったり、反抗的であったり、自棄的、時には破壊的な行為であったりするのは、深い怒りと悲しみ、失望から生じているものなのである。社会的養護児童は、もう一度、生きて成長することを期待されている自分、この世は生きていくのに値するところと思うことができるように、精神的に再生し、育ち直っていかねばならない。

自らの人生を享受する養育者に出会うということ

近年は養護の専門性というと、細分化されたマニュアル風の理論や技法を数多く会得することのように思われている節が散見されるが、人を支援する理論や技法はそれを用いる「人の在り方」に大きく依拠している。

夏休みなどに、施設の子どもたちを自宅に招いてきた。一緒に流し台の前に立ったり、花を活けたりしていると、平素反抗的で、職員を難儀させている筆頭格のような、その日玄関に入ってきたときは少々険しい表情だった子どもの口から、「今日、一緒に来てくれた○○さん、俺すごく迷惑かけてるんです。すまないと思う気持ちになる……。新米で慣れてないけど一生懸命なのわかるんです」

〈まあ、そう気づいているのね、じゃあ、そういう感謝の気持ちとか言葉にして話した？〉

「いや、そんなの本人には言えないスよ」

〈そういうこと、私より先に○○先生に伝えて、そしてそういう気持ち、少しずつでも行動に移していってね……〉こういうやりとりを何度してきたことか……。

また、「私の担当の◇◇さん、口下手ですけど、考え深くて誠実です。やさしいし、内心尊敬してます……」など、年嵩の子どもがちょっと改まった表情で語りかけてきたりする。

こういう声を聴いていると、大人は往々にしてこの世的な利害得失にとらわれ、目にできた鱗を通して他者を捉えることがあるのに比べ、子どもは純粋に人の特質を捉えている、と改めて感じ入ってしまう。そして、すぐには行動に十分に現れなくとも、子どもはひそかに信頼を抱き、その養育者の中に敬愛できるところを見出している場合、やがてその影響は雨水がしみて地下で伏流水となっていくように影響しているのに気づかされる。

最先端の理論や技法を学ぶ努力は必須だが、人として養育者がどうあるかということが実は養育の基底をなしているのだということに思い至るのである。長年の観察事実と子どもたちとの率直な語らいから察するに、次のような養育者に出会うと、子どもたちはハッとして、〝自分は？〟と考える契機になるようだ。

①正直、誠実である。自分の長所のみならず課題をも正直に自覚して、課題に取り組もうとしている人。

②優しく他者の気持ちに添うところと、ことの正否はきちんと感情に駆られずに判断し、注意はきちんとする。感性と知性のバランスがとれている人。

③口さきだけでなく、アカデミックな知識ばかりでなく、日常生活の技を豊富に身につけている人。

④人の欠点や問題ばかりでなく、隠れた長所を見つけることに関心が高くて、それが上手な人。根拠をもって上手に褒め、励ます。

⑤自分の人生を基本的に受け入れていて、苦境にあってもすべて否定的という気持ちにならず、基本的に感謝する、というゆとりある姿勢を持っている人。

⑥人と分かち合い、協力し合って暮らすことを自然にしている。

良い出会いは再生の始まり

児童養護施設ばかりでなく、児童自立支援施設や情緒障害児短期治療施設の子どもたちと話していて、ほとんどの子どもたちは「施設へ入ることが不安だった」「道中の落ち着かない気持ちを今も鮮やかに覚えている」「よくわからなかった、ワルイ子どもの自分は罰を受けるのだと思った」などと、措置される自分自身や自分の家族環境、将来への不安などが渾然一体となってひどく心許ない状態になり、自信や希望をおおかた失いかけていたという。

そういうなかで、「昼食時に到着したが、付き添ってきた親にも自分と一緒に温かい昼食を出してくれ、『こういう食事を皆でいただいています』と何か普通に自然に応対してもらって、それまでと違って人として口をきいてもらったと感じた、安心した」「おだやかに園長先生がこれからの生活のあらましを具体的に話してくれ、びくびくしていた気落ちが落ち着き、担当するという先生の構えない、なんかフッウの様子にホッとした」「自分の部屋や、古いけれど自分のために机、タンスが前もって用意されていて、あー、自分の場所だ……、と何か納得する気持ちになった」といった声を聞くことが多い。

配慮の込もった、その子どもの必要とすることにかなった出会いが、子どもの治癒と成長の旅の始まりであることを実感させられる。出会いのその瞬間というのは、その場だけの人為的なものというより、私どもが平素、どういう姿勢で生きているかということが集約して現れるように思われる。

〈文献〉

・村瀬嘉代子「発達・臨床心理学からみた血縁の意味」、『子どもと家族への援助』金剛出版、一九九七年

講座3：子どもの存在の根幹に纏わる事実を分かち合う

施設へ措置される子どもの抱く苦しみ

人は誰しも自分のことについて、〝識りたい〟と願う。もちろん、識るのは怖い、躊躇《ためら》いもある。しかし、人がどのように感じ、考え、振る舞うかなどといった、平素の行動の在り方は人が自分自身について、意識的・無意識的に認識していることと深く関連している。自分に纏《まつ》わる基本的なこと、つまり自分はどういう親子や家族関係のもとに生まれ育ってきたのか、周囲からどのように受けとめられ、期待されてきたのか、自分の人としての特質はどんなことで、それは周りからどう受けとめられているか。こういうことへの認識を基盤として、人は将来への展望をもち、そのための努力の行程をあれこれ考え、未来への希望を抱くのである。

自分に纏わる基本的な事実が不確かなままに将来に向かって生きるということは、人にとっては心許ないことである。多くの社会的養護児童は、こういう自分の存在の根幹に不確かさを抱くという負荷を、彼ら自身の責任ではないのに、担わされている。

一般の人々は、新聞紙上やテレビで、被虐待児が保護され施設へ措置入所したと知ると、落着したと安堵することも多いであろう。もちろん、施設ではこういう子どもたちを専門性をもって温かく受けいれようとされている。だが、それでも子どもたちは的確に言葉に表し得なくとも、次に挙げるような苦悩を抱いているのが実情である。

①本来なら自分を愛し、保護し、世話してくれるはずの親から不適切な扱いを受け、「人」としての基本的尊厳を脅かされ、人や世の中は容易には信じられないというこころの傷つきと不信感を抱いている。そして、愛されなかったのは、自分に価値がないからだ、という自信の喪失。

②たとえ自分を虐待した保護者であっても、生活を共にしてきた人や場所から離れるということは、多くの子どもにとって困惑がある。苦しみや辛さを与えた相手ではあっても、心の底では許したい、和解したい、可愛がられる間柄になりたい等、ひと言では語り尽くせない微妙な想いの葛藤。

③新しい環境に慣れることができるか、他の入所児童と良い関係を作れるであろうか、という心配。施設へ措置される子どもたちは、どの子どもも基本的に自分一人に焦点を当ててしっかり大切にしてほしい、という願望を抱いている。そういう子どもたちが、分かち合い、支え合う

関係を作りだし、維持していくことは容易ではない。

④入所するに際して、何時《いつ》、どのような子どもになれたら、卒園もしくは施設から移住できるのか、何処《どこ》の場所へ行き、誰とどういう生活をするのか、という未来の目標がはっきりしていない。措置理由がよくわからないまま、自分が何か悪い子どもだから、と捉えている子どももいる。

措置決定がなされる時点で、こういう見通しが定かでないところが社会的養護児童問題の難しさの一つである。服役者でも刑期を承知しているし、少年院送致の少年でさえおよその在院期間を知らされている。将来の不確定要素は成長や努力への契機にもなり得るが、施設入所時、在所期間やどういう自分になったら、あるいは受けいれる家族や社会がいつ頃までにどのように変容し落ち着くのか、自分を受けいれようと待っていてくれるのか、それが確かでないということは極めて不安なことである。

この四つの苦しみの中でも、四番目の課題は子ども個人の課題ではなく、環境の要因である。これを現実的に解決しながら、子どもにどう伝えていくか、これが養育の営みにとって大きい課題である。なかでも出自や家族の事情をどう伝えるか、配慮を多く要する問題である。

自分の出自を知る権利とテリング

一九九〇年代の終わり、特別養子制度の法制化にちなんで、「血縁が親子関係の形成に心理学的視点から及ぼす意味」について、法律専門書に一章を執筆するよう依頼された。欧米では「テリング」（「真実告知」と訳される場合が多い）という術語にもなっているが、養子に迎えた子どもが言葉を話せる四～五歳になると、養親が「〇〇ちゃんはパパやママと血がつながっていないけれど、可愛いと思い、自分たちの子どもとして迎えたの……」という主旨の事実を伝える。これは、子どもの発達状態に応じて段階的に行うのだという。自分の出自や背景事情を知って動揺した子どもを支える専門のセラピスト制度もあるのだと、参考資料などをくださり、「わが国にも子どもに事実をきちんと早期に伝えるテリングという方法が根づくことが必要なのではないか」と、欧米の事情に詳しい法律家は提言された。

確かに、親が誰かわからない、親の行方が知れない、親の病気はどういうものなのか？　自分の親は実の親ではないかもしれない？　こういう問いを密かに抱いていることは、根源的に不安であろう。子どもの権利条約にも謳われているとおり、自分に纏わる事実を知る権利があるというのは至極当然である。ただ、このとき、外国の手法をそのままわが国に導入することが適切なのであろうか、わが国の文化・精神風土に適合した方法を考慮する必要があるのではないかと思われた。

そこで、子どもにかかわるさまざまな専門職の方々に、アンケートと面接調査を実施した。さらに数カ所の児童養護施設長の方々に「子どもの出自、親が重篤な病、その他子どもの家族の背景事情等」について、どのように考え、必要とされる場合、どのように事実を子どもに伝えるか、と意見とその実際についてうかがった。

面接・アンケート調査の結果は、欧米のテリングの実施についての考え方と異なっていた。例えば、大切な事実を伝える時期については、小学校入学時、中学入学時、成人式を迎えるとき、あるいは結婚するときなど、ライフサイクルの節目が挙げられ、非常に幅があった。さらに大人の側から一方的に告げるのではなく、子どものニードや様子をよく考える、という点が強調されていることも特徴であった。

施設長のお一人は、中学入学を目前にした春休みに個別的に傍らに呼び、中学生とは交通費も大人並みとなり、もう子どもではない、と自覚を促したうえで、その子の状態を考えながら、厳しい現実であっても、事実を伝え、しっかり自立できるようにこれから努力していこうと自覚を促し、励まされる方法を原則としていらっしゃった。他の施設長の方は、あくまでも一人ひとりの子どもの状況に応じて個別的に考え対応する、と答えつつ、考えるべき要因が多くかかわっていると難しく、かつ子どもの健やかな成長にとって、大切な課題なのだが、と答えてくださった。

昨今では、ライフストーリーブックを用いて、子どもと共にその子の生い立ち、歴史をたどり、子どもが自分を受けとめて、この世の居場所感を持ち、成長への希望を抱けるように支援する方法も一部の児童養護施設では試みられるようになってきている。ただ、こういう方法を用いるには、それを今行うことがその子どもにとって本当に役立つのか、また誰が、何時、どういう場面で、どのように子どもに説明するのか、熟慮がいる。詳細は省くが、ライフストーリーワークの原理、その適用の仕方については楢原氏（二〇一〇）が多面的に行き届いた紹介と解説を行っているので参照されたい。

ある児童養護施設の文化祭で、裏方を甲斐甲斐しく務めている爽やかな卒園生に、その働きぶりに感動して声をかけた。

彼は照れながら、こう語った。

自分はこの施設に在園中は迷惑と心配のかけ通しであった。卒園して間もなく、挫折し、どうせ親の顔を知らず、足場なく生まれた自分だものと自棄的になり、ひきこもったアパートで、何気なく卒園時にプレゼントされた施設で育った自分の記録ビデオを見た。

施設職員が多忙の業務の合間に乳児院時代からの自分の様子や当時を知る人をあちこち遠方まで訪ねて、その当時の自分について話されるのを録画してあった。その折々の成長途上の自分とそのときにこころを寄せてくれた保育士さん、児童指導員さん、保育園の先生、小学校の先生、友達、アルバイト先の店主、運動部のコーチ等……、多くの人たちが自分を心にかけ、育て、教育してくれたことがしみじみと思い出され、伝わってきた。

涙が湧いて湧いて、三日間、アパートにこもってそのビデオを繰り返し見た。親が誰かは知らない、天涯孤独の自分だが、多くの人から大切にされたのだと気がつき、気力が出てきて、外へ出られた。一人でも頑張ろうと思えて、それが今日に至っているのです……、そういう時間と施設を通しての出会いといろいろな経験の積み重ねが今の自分を支えているのだ（この施設・京都府の舞鶴学園では、その後、卒園生にゆかりのある人々による回想と励ましの言葉を入れた、その子の自分史でもあるビデオを生い立ちのはじめから編集作成して卒園時に贈っている）。

こころの込もった人々とのつながりの経験が、この青年に、親を知らない、天涯孤独という苛酷な条件を受けとめようという生きる姿勢をもたらしたのだ。

＊

事実の伝え方について、マニュアル風に方法を語る文献もあるが、安易にそれらに頼るのではなく、まずは子どもの心身の発達の状態、子どもの理解力、その子どもが事実を知ることについてどう考えているか（望んでいるのか、また、望むその理由）、その事実を子どもが知ることによって得る意味は何か、など。これらを十分に考えて、あくまでも一人ひとり、その子どもの利益に添うように語り合うことが大切である。

子どもたちが知りたいのは、入所の理由や親や家族についての事実だけではない。こうした問いに言葉のみでどう答えるか、と考えるのは不十分である。子どもたちは〝自分はこの世に生まれてきてよかったのか、この世は生きるに値する所なのか、自分は愛され大切にされるに値する存在か〃という切実な本質的問いの答えを求めているのだから。

〈文献〉
・楢原真也「児童養護施設におけるライフストーリーワーク——子どもの歴史を繋ぎ、自己物語を紡いでいくための援助技法」、『大正大学大学院研究論集』三四、二〇一〇年、二四八—二五八頁

講座４：「生活」を基本におく専門的支援とは

「専門性の向上」と日々の生活を大切にする実践活動は、一見なじまないように思われ、自分のスタンスに迷いを持たれている方に研修会などで時に出会う。子どもを起こし、着替えを手伝い、食事や入浴の世話をしたり、就寝時に物語や子守歌で眠りの安らぎに誘うなどは特別の技法であろうか、という疑問。プレイセラピーや心理療法、器具を用いて心理査定などを施行することが専門的仕事だ、と学校教育の延長で考えていると、養育の現場では足下を覚束なく感じる職員の方もあるかもしれない。この講座の終わりに際し、養育の営みの基盤である「生活を通しての子どものこころの治癒と成長」について、考えてみたい。

「生活」を通して育まれる、人としての感じ方、考え方、振る舞い方

聖書には「はじめに言葉ありき」とある。真に、人が生きるうえで言葉は大切なコミュニケーシ

ョンの道具である。ところが社会的養護児童の多くは、自分の気持ちや感情を的確に伝える言葉を持たない。喉元まで出ている謝罪の言葉とはうらはらに、雑な反抗的とすら受け取られる言葉を吐く。窮鼠猫を噛む、とでもいうか、時に暴力へと向かうこともある。当然、人間関係はこじれる方向へ流れていく。当の子どもは、引っ込みがつかなくなり、悪循環に陥ってしまう。〝なにか、ちぐはぐで生きていくのは難しい……〟という子どもたちの言葉にならない内心の呟き。この子たちは気持ちを伝える言葉かけをしてもらった経験が乏しくて、自分の内面と言葉を結ぶ術を学んできていないのだ。

そもそも人は、言葉を学びとり、使うようになるのは、〝これを伝えたい〟という具体的生活を通して生じる痛切な感動が元である。豊かな感動を呼び覚ます経験に満ちた生活が大切な所以である。国分（二〇〇〇）は「多くの養護施設児童がこころの再生をし、もう一度自分自身や世界を受け容れていけるように育ち直りが必要である」と実践を通して痛感し、育ち直りに求められる要因について、子どもたちに対して、高校生としての在園中と、卒園後七年を経て相応の自立した生活を営むようになったときの二回、同一の内容について面接調査を行っている。

施設での有意義な想い出として、「①食事が美味しく、配慮がこもっていたこと、②体調不良や、気分を害しているとき、さりげなく声かけしてくれたこと、③食欲が無いとき、すり下ろして食べさせてもらったリンゴやおかゆの味、⑤夜尿をしても、その夜はふわふわした暖かい布団が用意されていたこと（布団の感触から大事に思ってもらっているんだと……）。こういう具体的な生活を通しての経験が、気遣ってもらっている、自分はひとりぼっちじゃないのだ、そしてこういうように相手のことを考えることが、人がつながり、分かち合っていく元なのだ、と次第にわかるようになった」と異口同音に語られた、という。

そして、このような児童養護施設内での生活を通して感じとった望ましい生き方については、在園中の高校生のときよりも、卒園後のほうがより一層鮮やかに想起されて、それが平素の人間関係の持ち方や、職場での仕事の仕方、同僚や顧客への配慮の仕方、自分の生きる姿勢などへ思いを巡らし、深める素材になっていることが明らかにされた。児童養護施設時代の経験は、あたかも種子か苗のように、卒園生一人ひとりが卒園後、置かれた場で、日常経験と照合しながら、自分らしい樹へと育てている感があった、という。

生活の質を高めるために

そしてまた、日常生活を共にさえすれば、それが専門性ある養育になるのではない。職員に求められる要因を考えてみよう。

(1)現実生活に連動したアセスメントの共有

いわゆる定型的なアセスメントや所見の内容を、現実の生活場面の状況と照合しながら考えるということである。

①その子の現在の状態のアウトラインの把握

自傷他害の程度、急性かどうか、トラウマやPTSDの可能性は？　今、伸びつつあるところや特に留意するところは？

②その子どもの資質、つまり、知的素質、情緒発達の程度、器質的特徴、身体的特徴など、それらが現実生活にどれくらい現れ、機能しているか？

概して、社会的養護児童は素質を発揮していない傾向がある。潜在的可能性の発見に努めること。

③パーソナリティ

自分のことや他者のことをどう捉えているか。ストレスへの耐性や内省力は？　感情の状態は？

④心身の発達時間的展望をどう持っているか？

不安の強い子、生きる希望の乏しい子どもは先の展望が持ちにくく、自分の歴史が連続していないことがしばしばある。

⑤親子関係、家族との関係、近隣社会、ひいては世の中とのつながりをどう捉えているか？

⑥何を拠り所としているか（人、物、こと）、活かされてこなかった潜在可能性は？

支援者は臨場感を持って、その子どもの特徴を活き活きと思い描けるだろうか？　そして自分の理解の仕方は絶対正しいというように断定的でなく、子どもの成長変容可能性を視野に入れた柔軟性を持ちたい。決めつけないことが大切である。問題や障害を持つ子ども、という固定した視点からではなく、その子どもを全体的視野で理解したい。

⑵生活に根ざした支援を行う大人に求められること（個人として、集団として）

漫然と日常の仕事をするのではなく、日々の営みの何気ない行動の裏づけや示唆になるような新しい知識や技については、常に関心を持って学んでいく。大人自身が自分の生をほどよく享受している。自分に正直に、独りよがりにならず、自分の生活を楽しみながら、感謝を忘れない。そして、自分を相対化して、眺め考える、振り返ることを自然に行っていたい。望むらくは、これらのことを当為に縛られて努力するレベルから、自然に行えるようになりたい。

子どもたちは大人集団がどのような関係を持っているか、ということを生活を通して観察し、感じとっている。多くの社会的養護児童は、親子でさえ、夫婦でも、家族であっても、気持ちは通わず、人格を踏みにじり、虐待という行為すら行うことを目の当たりにしている。そのため、ましてや他人同士の間で、信頼や敬愛、協力などはあり得ない、人間とは所詮信じられないものだ、と思っていることが稀ではない。したがって、子どもにかかわる大人たちが、年齢、性別、職種、経歴などがさまざまに異なるにもかかわらず、目標を共有して、協力し、認め合い、足らないところは補い助け合って目標に向かって生活していることに触れることは、大きな意味がある。人間への信頼を取り戻す契機になり得るのである。

二十四時間の日々の営みと「受けとめ育む営み」

職種の如何を問わず、一見何気ない二十四時間の日常生活を送ること、それぞれの営みに含まれている意味、それらが心身の癒しや成長にもたらす意味を、時には立ち止まって確かめたい。それぞれの生活場面を大切に過ごしているかについて検討し、振り返る視点を、いくつか挙げてみよう。

・朝の自然な目覚め

心地よく起床できるか。基本的に、生を享受して、前進志向の姿勢がどれくらいかを示す指標でもあろう。

・食を味わい楽しむ

「食」は、人生最初の体験である。それを提供してくれる人や周りの世界を受け入れているか。また、食卓はコミュニケーションの場であり、人へのかかわり方を学ぶ場でもある。どうせ壊すからと安価なプラスティックの食器は避けたいものだ……。

・排泄の安定

「排泄の安定」は、自分や外の世界に対する安心感の指標でもあり得る。自分と自分でないものの区別、自分と周囲の境界が確かであるか。
・夜の睡眠
継続性や安定性への信頼感の程度を現している場合もある。一応、平安であった今日の連なりとして、明日を信じて、眠りにつくことができるのか。
・住環境の設《しつら》え
贅沢でなくとも、その場を暮らす人々が大切に思って暮らしていることがしのばれるような佇まいになっているか。清潔でバランス感覚があり、心地よいか。内装、装飾、調度品などは質素でも、暮らしていくことを大切にしていることがおのずと伝わるようであるか。
・出かける折や帰寮の出迎え
子どもの様子をさりげなく理解し、受けとめて、どう見送るか、迎えるか。

「受けとめ育む営み」とは、対象である子どもにとって、自然にさりげなくここちよく受けとめられるものであることが望ましい。よりよい支援のあり方を求めて、常に新たな理論や技の会得に努めたい。

ただし、いかにも何か理論や技法が日々の子どもへのかかわりの中で浮き上がったものであるよりも、二十四時間の流れのなかにしっくり収まり、プレイセラピーや心理療法であっても、そこで取り上げられることがセラピー場面以外の生活といかに意味のあるつながりを持ちうるかに留意し、セラピー場面での成長変容を日々の生活の仕方に及ぼし、汎化させていくことが肝要である。

＊

事実や情報について「子どもの利益のために」「自分だけで責任を負えるか、また無理にそう努力することが適切であろうか」という自問をそれぞれの大人は怠らず、よい協働体制をもって、安定した、そして柔軟性ある子どもを抱える環境を作らねばならない。そういう環境にあるとき、子どもは受けとめられたという安心感を持って育っていけるであろう。

〈文献〉

・国分美希「養護児童の育ち直り方法についての考察」大正大学大学院人間学研究科臨床心理学専攻修士論文、二〇〇〇年

おわりに

世上、一九八〇年代から「家族の変容」がしきりに指摘されるようになった。また、一九九六年には英国のクローン羊「ドリー」誕生というニュースが世界を駆け巡った。当時のそういった社会思潮を背景として、ある学会が「近代家族の行方」と題するシンポジウムを開催し、私は臨床心理学者としての発言を求められた。他のシンポジストは、気鋭の民法学者、人口統計学者、社会学者、フェミニズムの論客の方々で、そのお話は時代精神の先陣とでもいう内容であった。人工胎盤からの子どもの誕生、同性婚の法的認可の提案、男性の育児参加推進が提言された。しかし私の臨床経験から考えると、人は無事平穏に暮らしているときはその重要性をさほど意識しないが、何らかの生き難さに出会って心傷つき、あるいは病むときになってはじめて、如何に家族生活や家族との関係が人の生に重い大切な意味を及ぼしているかに気づかされることを多く経験してきており、一抹の疑問を禁じ得なかった。

シンポジストの方々は、壮年期の人々である。この方々の提言は重要ではあろうが、今後を考えるには、なによりも次世代を担う子どもたちの意見と期待、彼らが家族（父親や母親の在り方）に何を期待しているか、そして父母についてのイメージの在り方が彼らの精神的適応とどのような関係があるかを知りたいと私は思い立った。そこで、子どもにとっての父母とは、さらに家族像と精神保健について、就学前幼児から大学生に至る対象者の個別面接によるフォローアップ調査を行った。対象者は、一般家庭で育っている子ども、小児病棟に長期入院中の子ども、家族と暮らすことが叶わない児童養護施設の子どもなどとした。子どもが素直にありのままに話してくれるよう配慮しながら、子どもたちの気持ちや意見を個別に面接して聴かせてもらった。すると驚いたことに、子どもたちは真剣に考え込み、素直に答えてくれた。家族生活に恵まれている子どもも、不遇な子どもも、家族生活は人にとって基本的に大切なものだ、男女それぞれの特質を生かした役割を担って協力・協調して家庭生活を営むことが望ましい、大人になったらそうありたい、という意見が圧倒的多数であった。特筆すべきは、「子どもの意見をこのように大切に考えて聴こうとする試みはいいことだ、年度の変わり目とか、時々こういう面接があるとよい」という意見が多く聞かれたことである。これは想像外のことであり、面接を断られることも予測していたが、七百人余の対象者全員が話してくれたのであった（村瀬嘉代子『統合的心理療法の考え方』金剛出版、二〇〇三年所収）。

この調査を進めるなかで、児童養護施設を訪れ、時には子どもたちと生活場面を共にし、もろもろの活動も共にした。そのうち児童養護領域での研修、わが家へ子どもたちや時には職員の方々も来訪されるようになって、今日に至っている。本来、人は生まれたことを無条件で良しとされ、親ないしはその役割をとる人々から喜ばれ、迎えられる。そして、存在の基盤になる愛着関係を得て、この世は生きるに値するという基本的信頼感を抱くことをベースに、人としての成長を遂げていくことになる。

社会的養護施設の子どもたちや職員の方々と交流を続けて三十年近くになる。この間、適切な思慮に裏打ちされ、自分を慈しんでくれる人間との出会いによって、こころの傷は癒され、健やかな成長を遂げていく可能性がある、という場面に多く出会ってきた。この経験の一端を記したのが本書である。

難しい仕事ではあるが、私が養護施設へ訪れ始めた三十年前を振り返ると、この世界の子どもの養育の営みは、関係者の熱意によって精神的ならびに技術的に進展が著しいと思われる。このささやかな一書に述べた「養育」の本質とは、実は社会的養護児童を対象と限ったものではない。子どもをはぐくみ育てる営みとして、一般の家庭での育児に通底する基本でもある。子どもの幸多く健全な育ちを願うすべての方々に本書が少しでもお役に立つことを願っている。

編集者の西岡利延子氏は、私の拙文から、子どもの様子や気持ちを臨場感を持って理解され、随所に的確なご意見をくださった。この励ましがなければ本書は生まれなかった。こころからお礼申し上げます。

本の装丁は、顔にあたるものであろう。幼少のころ、表紙に惹かれ、わくわくして繙いたことが今でも思い起こされる。本書の装丁は静謐で深淵な世界を感じさせ、私の拙文がこれにふさわしいのか自信がない。あるとき西岡氏から、「先生、アンティークの青いブローチをなさっておられましたが、お借りできますか」と言われた。それは小さなブローチで、一度ご覧になったのを憶えていらしたことに私はいたく驚いた。そして、デザイナーの下村敏志氏のお力も受けて、この装丁となった。残りの時間、この装丁に少しでも近づくようにこころしたいと思う。

二〇一九年夏

村瀬嘉代子

初出一覧

本書の初出は以下である。本書収録にあたり、転載の許可を得たうえで加除・修正を加えた。

『児童心理』（発行：金子書房）

「こころの『しなやかさ』と『つよさ』」、『児童心理』六五（一一）、一一九頁、二〇一一年

「子どもにとっての別れの悲しみを支える」、同六五（一七）、一一一〇頁、二〇一一年

『児童養護』（発行：社会福祉法人全国社会福祉協議会全国児童養護施設協議会）

「講座　子どもを受けとめて、育むという営み①-④」、『児童養護』第四三巻第一号・三四-三六頁、同第二号・三〇-三三頁、同第三号・三〇-三三頁、同第四号・三〇-三三頁、二〇一二-一三年

「総括論文　こころにとどく言葉と行為」、同第四八巻第一号、二四-二七頁、二〇一七年

「総括論文　日々の暮らしを通して伝えられ、育つ『自尊心と智恵』」、同第四八巻第二号、二四-二七頁、二〇一七年

「総括論文　育ちの道のさまざま、紆余曲折の道が実りへと至るために」、同第四八巻第三号、二四-二七頁、二〇一七年

「総括論文　『自分や世界を信じること』と親を受けとめること」、同第四八巻第四号、二四-二七頁、二〇一八年

「総括論文　子どもの養育を担う人」、同第四九巻第一号、二四-二七頁、二〇一八年

「総括論文　すべてを生活の糧に」、同第四九巻第二号、二四-二七頁、二〇一八年

「総括論文　社会との接点と連携」、同第四九巻第三号、二八-三一頁、二〇一八年

『世界の児童と母性』（発行：公益財団法人資生堂社会福祉事業財団）
「さまざまな人に支えられる子どもの育ち」、『世界の児童と母性』Vol. 78、二－五頁、二〇一五年

『教育と医学』（発行：慶應義塾大学出版会）
「連載　瞬息のきらめき」（全二四回）、『教育と医学』五四巻七号－五六巻六号、二〇〇六－〇八年
「もの、こと、ひととの関係性の中にたち現れる感性」、同五七巻一号、五八－六三頁、二〇〇九年
「子どもの不安」、同五九巻十号、二－三頁、二〇一一年

執筆者紹介

村瀬嘉代子（むらせ・かよこ）

一般社団法人日本心理研修センター代表理事・理事長。大正大学名誉教授、同大学客員教授。北翔大学大学院客員教授。

臨床心理士。博士（文学）。専門は臨床心理学。

1959年奈良女子大学文学部教育学科心理学専攻卒業。1959-65年家庭裁判所調査官（補）、1962-63年カリフォルニア大学大学院バークレイ校留学。1965年大正大学カウンセリング研究所講師、1993-2008年大正大学人間学部および同大学大学院人間福祉学科臨床心理学専攻教授。2008年北翔大学人間福祉学部教授、大正大学名誉教授（2009年より客員教授）。

近著『聴覚障害者への統合的アプローチ』（日本評論社、2005年）、『新訂増補　子どもと大人の心の架け橋』（金剛出版、2009年）、『心理療法家の気づきと想像』（同、2015年）、『ジェネラリストとしての心理臨床家』（同、2018年）など。

子どものこころに寄り添う営み

2019年10月15日　初版第1刷発行

著　者――――村瀬嘉代子
発行者――――依田俊之
発行所――――慶應義塾大学出版会株式会社
〒108-8346　東京都港区三田2-19-30
TEL〔編集部〕03-3451-0931
〔営業部〕03-3451-3584〈ご注文〉
〔　〃　〕03-3451-6926
FAX〔営業部〕03-3451-3122
振替 00190-8-155497
http://www.keio-up.co.jp/
装　丁――――下村敏志〔KreLabo〕（撮影：渋川豊子）
組　版――――株式会社キャップス
印刷・製本――中央精版印刷株式会社
カバー印刷――株式会社太平印刷社

Printed in Japan ISBN978-4-7664-2631-1